幽默
沟通学

欣溶 著

中国华侨出版社
北 京

前言

幽默不仅仅是社交的法宝，更是一门生活的艺术。它不是滑稽与搞笑的做作，而是一种纯粹的生活态度。幽默可以让你戴着快乐的眼镜去看整个世界的发展与变化，在平凡中挖掘笑的艺术价值。

幽默就像一根闪着金光的魔杖，授予每一个希望减轻自己人生重担的人一种快乐的生存智慧。在人际交往中，我们总希望自己能够与他人和睦相处，成为大家瞩目的焦点，受到许多人的欢迎。因此，我们总是努力让自己展现出最好的形象。要想有效地表现自我，最重要的捷径就是表现出自己的幽默。幽默能够消除内心的紧张，树立健康乐观的个人形象，润滑人际关系。幽默能够化解尴尬，影响别人的思想和态度，从而打开局面。更重要的是，幽默不仅可以给自己带来好人缘，还可以给自己带来好心情、好运气。

幽默作为我们日常生活中必不可少的工具，它可以使生活中的矛盾和争端得到缓解，也可以使人变得信心无限。幽默是智慧的迸发，是善良的表达，是人生的助推器，更是一种胸怀、一种境界。正如著名作家王蒙所说："幽默是一种成人的智慧，一种穿透力。一两句就把那畸形的、讳莫如深的东西端了出来。既包含着无可奈何，更包含着健康的希冀。"生活中的幽默会让你茅塞顿开，在轻松的气氛中感受到成功的快乐，在回味中拍案叫绝。幽默的人最有人情味，与幽默的人相处，每个人都会感到快乐，谁都希望同幽默的人打交道。幽默是一种宝贵的品质。幽默的人具有宽容、自信、豁达、乐观的心态，它使生活充满乐趣、充满生机。同样，具有这种品质的人能够正视现实，笑对人生。幽默是一种文化的积淀，需要达到一定层次的文化水准。一个人知识的存储与个人的涵养是成正比的。知识渊博的人，才能具有审时度势的能力，才能够谈资丰富、妙言成趣，才能作恰如其分的比喻，才能不以眼前的区区小事计较得失，才能多些雅量、少些鲁莽。

无论何时何地，你展现出来的恰到好处的幽默，都会让人刮目相看。遇到突如其来的冷场时，用幽默予以化解；想让对方记住自己时，用幽默让他"刻骨铭心"；欲要说服他人时，用幽默攻克其厚厚的心理防线；不得不拒绝时，用幽默保全双方的面子；恋爱时，幽默可以让你们的关系更进一步；生活中，幽默是一味不可或缺的调味剂……

本书汇集了幽默的精华，不仅向读者阐释了幽默的人生智慧，展示幽默在现实生活中的独特魅力，更重要的是帮助读者真正懂得幽默，从而成为生活中的幽默大师。

目录

第一章 / 沟通的魅力，别输在不懂幽默上

第二章 / 幽默修炼，一开口就让人喜欢你

第三章 / 决战社交，幽默让你独领风骚

第四章 / 尴尬时刻别上火，你的幽默就是“消防员”

第五章 / 职场幽默，幽默给点力，职场才能更得意

第六章 / 说服幽默，说好难说的话，轻松变身沟通达人

第七章 / 玩转幽默，幸福生活不太难

第八章 / 演讲幽默，让人捧腹的演说家，句句都能引“笑”入耳

第一章

沟通的魅力，别输在不懂幽默上

幽默的高度是智慧，而非搞笑

“幽默是一种成人的智慧，一种穿透力，一两句就把那畸形的讳莫如深的东西端了出来。既包含着无可奈何，更包含着健康的希冀。”王蒙如是说。

什么是幽默？幽默就是一种人生的智慧。它体现的是一种才华，展现的是一种力量，它是文明的产物。

幽默以愉悦的方式向他人表达思想的高度与真诚，它就像一座与外界沟通的桥，可以填平人与人之间的鸿沟，可以润滑人与人之间的关系，可以为自己减负，为他人送去欢乐，可以赢得一个智慧型的美好人生。原来幽默的力量如此伟大。

幽默之所以被称为一种智慧，是因为幽默带来的笑声完全不同于小丑在众人面前的耍宝，它需要在智慧积淀的思维基础上，以优雅的风度来呈现出自己的睿智。幽默的语言特色往往是一语中的而又不失风趣。

幽默最基本的特点有以下两点：

1. 必须有趣味点

幽默必须具有美感特征，如果只是一味地用来讽刺他人而使自己畅快，却忽略了他人的感受，那样的幽默会造成他人的厌恶与反感。

2. 必须意味深长

幽默就像一杯醇酒，越品越会拥有醉人的味道。幽默的智慧来自我们自身深刻的生活体验、敏锐的洞察力与想象力、良好的素养与语言表达能力，以及优雅的风度与乐观的情绪。

他是第二次世界大战时反法西斯阵营的三巨头之一，他曾连续两次担任英国首相，直到今天，人们仍将他列为20世纪最重要的政治领袖之一。除此之外，他还是演说家、作家、记者，历史学家和画家，并于1953年获诺贝尔文学奖。他也是一位机敏睿智的幽默大师，思维敏捷，语言机智，常常用幽默的语言化被动为主动，捍卫自己和国家的尊严。他就是丘吉尔。

有一次，萧伯纳为庆贺自己的新剧本演出，特发电报邀请丘吉尔看戏："今特为阁下预留戏票数张，敬请光临指教，并欢迎你带友人来——如果你还有朋友的话。"丘吉尔看到后立即复电："本人因故不能参加首场公演，拟参加第二场公演——如果你的剧本能公演两场的话。"

丘吉尔善用幽默的智慧由此可见一斑。不仅在生活中如此，即便是在政治上，丘吉尔也能够将这种智慧应用自如。一个具有幽默感的人，一定具有强大的人格魅力，因为他总能强烈地感受到自己力量的存在，所以能够从容地应对各种尴尬困苦的窘境。

在阿拉曼战役的前夕，丘吉尔召见了他的得力将领蒙哥马利将军。在谈话中，丘吉尔提议他应该研究一下逻辑。疆场勇士蒙哥马利担心自己会陷入纠缠不清的逻辑命题中，便找了个借口推托。他对丘吉尔说："首相先生，你知道，有这样一句谚语：了解和亲昵会产生轻蔑。也许我越是研究逻辑，便会越加轻视它。"

丘吉尔取下烟斗说："不过我要提醒你，没有一定程度的了解和亲昵，什么也不会产生出来。"

就是通过这样直白坦率而又幽默的方式，丘吉尔最终总是能够说服自己的属下，并赢得他人的信任与尊重。再加上丘吉尔并不选择粗暴地对身边的人发脾气，他对人对事的轻松姿态让自身的影响力不断扩大。丘吉尔的幽默是一种智慧，更是一种胸襟和力量。他曾经两次当选英国首相，被认为是20世纪最重要的政治领袖之一。

生活中的你，是整天一副严肃的表情，还是常能于妙趣横生中化干戈为玉帛呢？幽默并不仅仅是一种单纯的说笑，它还是一种智慧的迸发、善良的表达，是交往的润滑剂，更是一种胸怀和境界。幽默不仅能增加你和他人之间的友谊，更能使一些误解得到消除。幽默的力量就像太阳的光芒一样，可以使这个世界变得温暖明媚。

登上幽默的阶梯，从说话上升到艺术

著名文学家老舍先生这样评价幽默：幽默文字不是老老实实的文字，它运用智慧、聪明与种种搞笑的技巧，使人读了发笑、惊异，或啼笑皆非，或受到教育。

幽默不仅是一种智慧素养的体现，也是一种助人发笑的语言艺术。在我们的生活中，常见的语言艺术形式有喜剧、小品、相声等表现形式，它们的共同特点就是通过幽默达到使人笑意大增的艺术效果。

在语言艺术中，有夸张、对比、联想等表达方式，意在将个人的机智与喜感恰到好处地联系起来。幽默的语言艺术，带给人的不只是心情的放松、对生活的热爱，更有对人生价值观的深思——做人就应该拥有一颗乐观之心。

某大学植物系有一位教授，开的课虽然是冷门课程，但只要是他的课，几乎堂堂爆满，甚至还有人站在走廊上旁听，原因并不是这位教授专业知识多渊博，而是他的幽默风趣传遍了整个校园，使得学生们都乐意上这位教授的课。

有一次，该教授带领一群学生到山区进行课外活动，沿途看到许多不知名的植物，学生好奇地一一发问，教授都详细地一一解答。一位女同学忍不住停下了脚步，对着教授赞叹地说："老师，您的学问好深呀，什么植物都知道得那么清楚！”教授回头眨了眨眼，扮了个鬼脸笑道：“这就是我故意走在你们前头的原因了，只要一看到不认识的植物，我就‘先下脚为强’，赶紧踩死它，以免露怯！”学生们听了个个笑得合不拢嘴，这次实习之旅是一趟充满了欢乐的丰富之旅。

当然，教授只是开了个玩笑，幽默了一下而已，但这就是他深受学生喜欢的原因。懂得将严肃搁在一边，将幽默摆在中间，你我都可以成为一个广受欢迎的人！

有幽默感的人，善于不失时机地抓住有趣的一面，分寸得当地以诙谐的语言和动作，表达出自己的思想和意见。我们可能都有这样的体会：幽默可以使人们之间的关系变得亲切、和谐，幽默是增加你谈吐魅力的一道耀眼的光芒。

苏东坡经常和苏小妹互相开玩笑。

苏东坡长着一嘴胡子，苏小妹笑曰：“口角几回无觅处，忽闻毛里有声传。”

苏小妹的额颅凸起，苏东坡笑曰：“未出庭前三五步，额头先到画堂前。”

苏小妹又嘲笑东坡下巴很长：“去年一点相思泪，至今未流到腮边。”

苏东坡看到小妹的双眼微抠，说：“几回拭眼深难到，却留汪汪两道泉。”

苏小妹抓住了苏东坡一嘴胡子以及下巴太长的缺点，进行嘲笑；面对小妹善意的嘲笑，苏东坡没有发脾气，而以应嘲的方法，抓住小妹的前额高、眼窝深的特点，夸大其“特点”，对小妹的嘲笑给予“有力的回击”。这种应嘲，不仅体现了兄妹之间的亲密，而且增添了交往的乐趣，加深了兄妹之间的情谊。

幽默的艺术性在于，在将他人的话题转为自己的谈资的同时，还可以添加一些趣味性。一段幽默风趣的话不仅能引人发笑，而且还能强化双方交往的愿望，引发谈话的兴趣，使你更容易达到谈话的目的。

幽默是一种高雅的语言艺术，笑而不俗，雅而不腻。幽默的语言让人心旷神怡，自在享受生活的赠予。幽默是一种艺术，需要“表演者”尽职尽责地演出，也需要听众会心地欣赏、理解与追寻。

幽默不仅是笑谈，也是机智应变的艺术

幽默既需要智慧做强大的后盾，也需要灵活的思维做勇猛的冲锋军。

那么，幽默的智者自然会做到用自己的风趣去化解外界的敌意与尴尬，同时当别人在委婉、含笑的说话时，也能够机敏地听出话中之意、言外之音。如果在交往中，该自己说句玩笑打破冷场的时候却沉默，该自己对他人的幽默捧场的时候却不知所措，这样的人无论多有智慧，充其量只能算是个高智商、低情商的闷葫芦。从历史的实践中证明，懂得解读幽默风情的人，会受到更多人的喜欢与青睐。

马克·吐温有一次到某地旅店投宿，别人事前告知他此地蚊子特别厉害。

他在服务台登记房间时，一只蚊子正好飞来。马克·吐温对服务员说："早听说贵地蚊子十分聪明，果不其然，它竟会预先来看我登记的房间号码，以便晚上对号光临，饱餐一顿。"

服务员听后不禁大笑。结果那一夜马克·吐温睡得很好，因为服务员记住了房间号码，提前进房做好了灭蚊防蚊的工作。

我们在为马克·吐温的机智话语大笑的同时，更应该想到机智思维的作用，机智的思维在瞬间就可以将一件平白无奇的事情，说得那么有滋有味。不仅说的人开心，听的人也轻松愉快，还能不费心力地就可以让他人愉快地帮自己摆脱小麻烦。人们乐于同机智风趣、谈吐幽默的人交往，因此，要有足够的幽默做人际关系的润滑剂，能够使你得到更多陌生人的关照。

有时候自己也许干了蠢事，被别人幽默了一下。即使你不会巧妙地回应，但最起码应当知道人家在说什么，而不要像这位酸秀才：

欧阳修是宋朝著名的文学家和史学家，也是诗词方面的名家，这是众所周知的。然而有个叫“酸秀才”的富家子弟，读了几册唐诗，能诌两句打油诗，就不知天高地厚地要找欧阳修比试高低。上路那天，他走到一条河边，见一群鹅在水里游着，就信口吟起诗来：“远望一群鹅，一棒打下河。”吟完肚里就无货了。这时，正巧欧阳修路过这里，笑了笑，续其诗曰：“白翼分清水，红掌踏绿波。”“酸秀才”拱手道：“想不到老兄也能诌两句，好，我们一起去访问欧阳修吧！”说着，两人来到渡口。上了小船，两人又对吟起来。

秀才：“诗人同上船，去访欧阳修。”

欧阳修：“修已知道你，你还不知修。”

欧阳修这首打油诗，幽默风趣地讥讽了“酸秀才”其人，他既无真才实学，也无自知之明，不过是个打肿脸充胖子的草包而已，然而却大言不惭，还以诗人自居，所以欧阳修讥之曰：“你还不知修。”这个“修”与“羞”谐音，使之听起来不刺耳。而这个毫无解读幽默智慧的“酸秀才”还继续蒙在鼓里。

练就一副幽默的谈吐需要机智的思维，随机应变的灵巧。接收幽默同样需要智慧的领悟，实际交谈中，并不是每个人都能解读准确、接话恰当的。机智的反应虽说与先天因素有一定的关联，但是更重要的在于后天的思考与锻炼。如果你是一个热爱学习、尊重知识、用心思考并追求快乐的人，幽默的生活姿态就已经离你不远了。

幽默是一种包装，彰显你的品位与魅力

幽默的口才不同于在规定时间内去完成一件工作或起草一篇文章，更不是饮一杯茶、打一场球那样来得愉快轻松。幽默口才的完善实质是很长一段时间集思想、语言行为、仪态、情绪等各个方面综合磨炼的过程，亦是内在修养的过程。在幽默口才的积累中，这一过程应视为心理的准备与承受过程。一个人若只有语言能力，那么还不足以广受欢迎，必须抱着不同于寻常的心与人交往，才能使相处变得饶富趣味。

有些人喜欢抬杠，搭上话就针锋相对，无论别人说什么，他总要反驳。他本来一点成就也没有，不过你说话时，他一定要说否，到你说否时，他又说是了。这是最可怕的习惯，犯这种毛病的人很多，而且每每自己不知道。为什么会这样呢？因为他不喜欢听取别人的意见，在心目中只有自己，而且他自以为比别人高明，事事要占上风。即使真的见识比别人高明，这种态度也是要不得的。这种习惯会使人失去一切的朋友和同事，没有人肯贡献给这样的人一点意见，更不敢向这样的人提出一点忠告。唯一改善的方法是养成尊重别人的习惯，要知道，在日常谈论的没有绝对是非标准的问题当中，你的意见不一定对，而别人的意见也不一定错，把双方的总和再进行分配，你至多有一半是对的，那么你为

什么每次都要反驳别人呢？

幽默口才是一种表达情意、与人交际的才能，但它不只是靠语言完成的，还要靠风度。纪伯伦曾经说过：“大智慧才算得上一种大涵养，只有有涵养的人才善于学习，而我可以从健谈的人身上学习到静默。”

美国油画家和版画家惠斯勒口才极好，成名前，他靠替人画肖像为生。他画肖像时，从不故意把作品画得美一些来取悦于人，而且常把别人的缺点不加修饰地画出来。

一次，他替人画完一幅肖像画后，那人把自己的像看了好久，然后很不高兴地问惠斯勒：“你说你能把这画称为艺术品吗？”

“你说你能把自己称为一个人吗？”惠斯勒冷笑一声说。

惠斯勒用一种淡定的反问让那个讽刺他作品的人无言以对。言外之意是既然自己长得不怎么样，为什么还要让别人来虚伪地美化呢？何况真正的内在修养不需要通过外在的修饰亦能体现。

在幽默口才的内在修养上，修养本身是修内在的承受力与胸怀，重要的是别把自己的工夫花在装腔作势上。我们无法更清晰地剖开所有人的“外衣”，只是我们在潜意识里感到，一个人在拥有好口才的同时，一定要认清自己，使心理与行为达成一致。通过自我研究，便能够客观地了解自己，就会发现自己的长处和短处在哪里。如果能够养成这样一个习惯，对自己的工作、学习和生活会非常有帮助；并且只要不断地努力下去，你的潜能终会逐日显露出来，你拥有的长处也就能获得充分施展了。

富兰克林是个口才很好的政治家，他十分重视语言修为。他早年曾经做了一张表，表上列举出各种他所要改善自己的美德。这样几年的身体力行，显然获得了相当成就。后来，他又找出了还有一件应该实行的美德，那也跟谈话艺术有极大的关联。他说："我在自我完善的计划里，最初想做到的有十二种美德，但有一个朋友，有一天向我说，大家都认为我太自傲，原因是我的骄傲常在谈话中吐露。当辩论一个问题时，我不但固执地满足我自以为正确的主张，而且有些轻蔑别人的样子。我听了他这话，立刻就想矫正这种缺点，因而在我的表上的最后一行加了'虚心'这一条。

"这样没过多久，我果然发觉改变后的态度使我获益不少。因为事实告诉我，我无论在哪里，若陈述意见时用谦虚方式，会令人家容易接受而绝少反对；说错了的话，自己也不致受窘了。"

靠着这种谦虚的口才修养，富兰克林成为美国出色的且受人尊敬的政治家。

一个注重言语修为的人，一个有益于他人的人，自然易于为他人所接受，他的话也就可能被别人奉为圭臬。"文如其人"是从写作角度说的，我们也完全有理由说"言如其人"。心理上的专注力、耐受力、进取心等品质，也将使你更具个人魅力，使你的幽默更富内涵。

幽默使人一开口就有成功者的姿态

话多不如话少，话少不如话好。善于用别人喜欢的方式说话的人，是智慧的。如果你曾经因为使用别人不喜欢的谈话技巧而失掉朋友，因为说话不高明而失掉一个顾客，因为言语不当而错过一个好机会，因为口不择言而惹来一身麻烦，那你应该学会如何用讨人喜欢的方式说话。说话方式讨人喜欢是一个人的通行证，是获得良好机会、满堂喝彩、上司赏识、下属拥戴、同事喜欢、朋友帮助、恋人亲密的必要条件！幽默的口才则是最受欢迎的语言表达方式，因此，幽默的说话方式成了推动一个人走向成功的助推器。

幽默的人更容易追求上进、更容易对事物充满希望，哪怕遇到了一些小麻烦，也不会将注意力集中在抱怨的身上。

相反的，不善言谈和说话不讨人喜欢，很容易给人留下能力低下和知识匮乏的印象。这样的人不管处在哪一个社会层面，也不管走到哪里，都不会轻松地走上人际的前台，也不会得到足够的器重和赏识，甚至只能沦为无足轻重的边缘人。其实，想拥有出色的说话能力并不是想的那么困难。掌握好语言的规则运用技巧通过不懈的努力，一定会有所成就！学会讨人喜欢的说话方式，是一件说容易又不容易的事。说容易，是因为我们每个人都会说话，都知道说话要做到讨人喜欢，并努力达到这种境界；说不容易，是因为别人的心理很难把握，而且绝大多数时候说话是即时的，容不得你仔细考虑。难怪成功学家林道安说："一个人不会说话，那是因为他不知道对方需要听什么样的话。假如你能像一个侦察兵一样看透对方的心理活动，你就知道说话的力量有多么巨大了！"

我们大多数人每天花费 50%~75% 的工作时间，以面对面形式、打电话形式、网络或书面的形式进行沟通，而在沟通中 80% 是以说话的形式进行的。那么，说什么以及怎样说才能让人高兴，是我们成功沟通的关键。

如果一个人能用机智而幽默的方式说话，那么，他一定会展现出无穷的魅力，无论是立身处世，还是交友待人，都一定会挥洒自如，也会为自己的人生赢得更多机会，获得更多实实在在的好处。

一语可以成仇：一句话说错了，会破坏人际关系的良性互动；一句话说错了，会导致功败垂成。一语可以得福：一句话说对了，可以得到方便；一句话说对了，就是向成功迈进了一步。

说话要幽默，要因时、因地、因人、因事而行。学会在错综复杂的说话情境中讨人喜欢的秘诀，才能把握住赢得更多机遇、获得更大利益的机会。

幽默是阳光生活的必备品

德国人、法国人和俄国人聚在一起谈论什么是“快乐”。

德国人说：“快乐就是你在辛苦地工作完一天后，躺在自己舒服的沙发上，喝着啤酒，看着精彩的球赛……”

法国人说：“快乐是你在星期六的夜晚，与心仪已久的金发美女，共度浪漫良宵……”

这时，俄国人说了：“真正的快乐是在深夜里，你突然听到急促的敲门声，打开门一看是一群秘密警察，他们拿着枪指着你说：‘格拉吉夫，你被捕了！’而你告诉他们：‘格拉吉夫住在隔壁！’”

快乐的含义很简单，就是生命的每时每刻都充满快乐。幽默为快乐带来了更出色的诠释与表现。

幽默不只是自身生活态度的体现，更是实现他人快乐的催化剂。幽默之所以成为幽默，其必要条件就是使人快乐，而一切痛苦或不愉快的因素都不能因它而生，否则就不是真正的幽默。

幽默若想带来真正的快乐，首先自己就应该选择快乐即享有快乐的内心。内心的快乐通常是指一个人过着健全的正常的和谐的生活所感到的快乐。

一位老人应邀去一家电视台做节目嘉宾。他讲话的内容完全是毫无准备的，当然更没有预演过。但不管他什么时候说什么话，听起来总是特别贴切，毫不做作，观众听着他幽默而略带诙谐的话语都笑弯了腰。最后，台下一名观众禁不住好奇地问他：“您这么快乐，一定有什么特别的快乐秘诀吧？”

“没有，”老人回答道，“我没有什么了不起的秘诀。我快乐的原因非常简单，每天当我起床的时候我有两个选择——快乐和不快乐，不管快乐与否，时间仍然会不停地流逝，我当然会选择快乐。如果要说有什么秘诀的话，这就是我的快乐秘诀。”

生活中你可以不快乐，也可以快乐。如果你要快乐，尽管告诉自己：“一切都进行得很顺利，生活过得很好，我选择快乐。”是谁决定你快乐或不快乐？不是别人，正是你自己！而只有一个内心真正快乐的人才可能具有幽默的习惯与幽默的素养、才可能无私地将快乐呈现给他人。

真正的幽默可以是自娱自乐、可以是娱乐他人，也可以是正当防卫语言的攻击，但唯独不可以嘲笑他人，否则那就不是幽默，而是残忍。用自己的知识去嘲笑他人的无知，本身就是对他人尊严的一种践踏，这已经远远违背了幽默的本质。

好的幽默来自对生活的洞见

幽默既不等同于一般的嘲笑、讥讽，也不是为笑而笑，轻佻做作地贫嘴耍滑。幽默毕竟是修养的体现，它与中伤截然不同。幽默好似“维生素”，中伤却似恶人剑；幽默笑谈是美德，恶语中伤系丑行。真正的幽默是真情实感的自然流露，是严肃和趣味间的平衡，它以一种古怪的方式激发出来，却经常表现出心灵的慷慨仁慈。

在我们遇到不顺心的事或难以对付的人时，不妨笑一笑，来点儿幽默，不要把挫折看得太严重，不要自寻烦恼，对人生百态，即使是无聊可笑的事，也应以从容、宽厚的态度来看待，这便是幽默精神。

诺贝尔奖获得者、德国著名物理学家维恩教授的学生劳布专程到伯尔尼拜访爱因斯坦。他的学位论文中涉及《相对论》，教授不同意他的观点，叫他去找《相对论》的著者请教。碰巧爱因斯坦一个人在家，他正跪在地上生炉子。见到来客，爱因斯坦扔下捅火棒，伸出两只乌黑的手。客人稍稍迟疑了一下，爱因斯坦也没有察觉，两只乌黑的手和两只雪白的手握在了一起。爱因斯坦用手背擦了一下被煤粉染黑了的额头，笑着说：“你看，我和人讲辐射，可是这个倒霉的炉子，就怎么也辐射不出热来。”

在不顺意的地方自嘲一下，以豁达乐观的心看待生活，一切也会变得美好起来。作为情感的凝聚物，幽默对幼稚和纯真总是不吝啬自己的爱抚，由此折射出幽默家宏大、宽厚、仁爱的品格。

从心理学的角度来看，宽容就是透过信赖、赞扬、鼓励等方法，促使双方之间的关系变得更为融洽。其实每个人的潜意识里都希望得到他人的宽容，每个人都希望和他人分享自己的喜、怒、哀、乐。正因为他人的宽容满足了自己此种需求，所以才会对对方产生好感，所以幽默的骨子里流淌的旷达血液足以震慑他人。

肯尼迪常常给一些专栏作家写东西，这些东西使这些作家们既受宠若惊，又感到滑稽有趣。一天，肯尼迪收到专栏作家伦内德·莱昂斯的一封信，信中说目前那些总统署名的照片每张价格如下：乔治·华盛顿 175 美元；富兰克林·罗斯福 75 美元；格兰特 65 美元；约翰·肯尼迪 55 美元。

肯尼迪回信道："亲爱的伦纳德，承蒙来信告知肯尼迪亲自署名的照片的市场价格。不断上涨的价格现在已如此之高，这实在令人难以置信。为了防止市场进一步萧条，请恕我不在这封信上署名。"

从肯尼迪的趣味回信中可以看出，豁达的幽默者不会为别人决定自己的价值，只会为实现自己的价值决定行动；哪怕当别人给自己定出了价值之后，也不会以唇相讥，而是豁然地一笑了之。生活是需要睿智的。如果你不够睿智，那至少可以豁达。

以乐观、豁达、体谅的心态看问题，就会看出事物美好的一面；以悲观、狭隘、苛刻的心态去看问题，你会觉得世界一片灰暗。两个被关在同一间牢房里的人，透过铁窗看外面的世界，一个看到的是美丽神秘的星空，一个看到的是地上的垃圾和烂泥，这就是区别。

幽默的本质是以笑的方式娱人

1901 年，英国一位哲学家曾经这样谈到幽默：“语言中几乎没有一个词汇……比这个人人熟悉的词更难下定义。”过了一个多世纪，事情似乎没有多大改变。

1979 年 1 月号的《今日心理学》杂志上有一篇文章为《笑话各有所好》，分析了以读者为对象来调查幽默的结果。

这篇文章的作者指出：幽默是微妙的，难以捉摸的现象，我们根本无法明确列出幽默的种类。1935 年 3 月 27 日，高尔基在苏联作家协会理事会第二次全体会议上作了一次简短的讲话。在记录稿上，多次出现“鼓掌”“笑声”的字样。例如，他在批评某些诗作缺少生活时说：

“同志们，诗人多得很。但是具有巨大诗才的在我看来却太少。他们写的诗长达几公里。（笑声）……

“我不想谈伟大的诗歌和大诗人。我在这方面是外行。我失掉了这方面的鉴赏力，我念诗也很费力。（笑声）……不久以前，我在一个作者的作品里找到了这样的句子，‘他举起手，想摸摸她的肩膀，正在这时候，无畏的死神追上了他。’（笑声），这说得多别扭。”

看了这些记录，尽管我们没看到当时大会会场现场的情景，但仍感受到洋溢着的热烈气氛，听到欢腾场面中的开怀朗笑。那不绝的笑声不但吸引了当时的听众，也吸引了几十年后的我们，可见幽默的力量之大。

乔治·库特林（1858~1929），法国知名的剧作家和幽默作家。有一次，一位自命不凡的年轻作者想一鸣惊人，便写信给库特林，借三个微不足道的理由向他提出决斗，但这一封信实在上不了桌面：字迹潦草，甚至有许多拼写错误。库特林很快给他写了回信："亲爱的先生，因为我是伤害你的一方，该由我来选择决斗武器。我要用'正字法'来决斗。在接到这封信之前你就已经失败了。"

在这个故事里，乔治·库特林以幽默的语言，用"正字法"作为武器对年轻人给予了回击，既向年轻人指出了写字太潦草的不端正态度，又展示了自己豁达的一面。整个批驳机智含蓄，风趣诙谐，令年轻人愉快地认输。

这个小故事形象地说明了幽默的本质。由此，我们不难看出：幽默是一种特性，一种引发喜悦、以愉快的方式娱人的特性；幽默感是一种能力，一种了解并表达幽默的能力；幽默力量是一种艺术，一种运用幽默和幽默感来增进你与他人的关系。

幽默的本质是通过笑的方式来娱乐他人、快乐自己。幽默对于生活与工作节奏紧张的现代人很重要。现代人需要幽默，如同鱼需要水、树木需要阳光一样。具有幽默感和幽默力量，是现代人应具备的素质之一。因为幽默可以让他们疲惫的身心得到愉悦的舒缓，可以让他们每一天的忙碌充满了价值与意义。

第二章

幽默修炼，一开口就让人喜欢你

适用幽默，不滥用才真有用

在人际交往的过程中，幽默是一种润滑剂。它对我们处理人际关系有着巨大的促进作用，幽默是两颗甚至更多心灵之间的碰撞，是拥有爱和友谊的催化剂。幽默的人所到之处，都会给沉闷的气氛增添了一分欢笑和融洽。所以说，如果把生活比作菜肴，那么幽默就是一味给菜肴增加色香味的调料。

但要知道，即使再有味道的调料也不能任意使用，就如同菜里放盐，适当地调入会让菜肴美味可口，但要是放得太多，便会成为一种苦涩。同理，适度的幽默会让生活变得多姿多彩，但要用得过滥过度，同样会对别人造成伤害，不仅会使要达到的目的实现不了，反而会让事情的发展进一步恶化。

某公司有个年轻的女孩，心肠不错，没有坏心眼，唯一的缺点就是说话不经过大脑，嘴边没个把门的。稍有不慎，就把别人得罪了。

一天午餐过后，公司的同事坐在一起聊天，其中有一位长得比较丰满的同事谈到自己刚看过的一本杂志上的内容说："人之所以会发胖其实是没有管住自己的嘴，我们每天摄入的营养要比身体所需要的多得多呢。"那位年轻的女孩听到后马上接口道："没错，这篇文章的标题是不是叫作《活该你胖》呢？你吃那么多，才那么胖，都是自找的。”这一句话立刻得罪了那位同事。

从中我们可以看出，如果单纯地为幽默而幽默，就会显得很不合时宜。这样的幽默不但成为不了沟通中的“润滑剂”，甚至还会增加摩擦。

虽然聊天中开玩笑的人大多数都没有恶意，但若不把握好尺度和分寸，会产生非常不好的后果，正所谓“言者无心、听者有意”。有时候，即便是称赞他人，也有可能不小心冲撞了对方，引起对方的反感，甚至有时可能还会招来怨恨。所以，社交幽默中掌握一些分寸还是非常有必要的。

律师这个职业是最需要口才表达能力的。有一副好口才的律师，方能在其岗位上做出一番业绩。虽然我们不能要求律师像一台毫无感情的机器，也不能说律师口中的幽默就是不合时宜，但身为一名律师，在谈话过程中一定要注意，切不可开过分的玩笑，否则，吃亏的就是自己。

有一位律师总是带着满身的伤痕回家。妻子很纳闷，问：“你究竟是律师还是打手？怎么总是这么狼狈？”

律师回答道：“别提了，那帮当事人太难伺候了，一句话说不对就动拳头揍我。”

妻子奇怪地问：“你都说什么了？”

“今天有一个当事人要起诉他的同事。因为那个同事总是在单位辱骂他的妻子，说他妻子尖嘴猴腮的一看就不是好人，还说她没有进化好，过早地从树上下来生活。我说：‘嗯，没问题，可以起诉她侵犯名誉权，让她赔礼道歉、赔偿损失。对了，你带你妻子的身份证了吗？我需要一张复印件和委托书。’他很痛快地把东西给了我，结果我随口的一句话，就挨揍了。”

“你说什么了？”

“我说：‘咦，奇怪，现在怎么连猴子也需要办身份证了？’”

无论是谁听到这样的话，哪怕是再幽默的人，恐怕也笑不出来，挥动拳头或许都是轻的了。

一定程度的玩笑可以为大多数人所接受，但某种特定类型的幽默总会让一些人无法容忍。每个人都有自己不愿提及的往事，有不愿被碰触到的伤口，如果某个玩笑刺痛到了对方的内心创伤，即使是很随和大度的人，也可能会被激怒，哪怕他没有表现出来，但这个朋友一定会失去的。所以，在运用幽默口才时，万不可把自己的快乐建立在别人的痛苦之上。

言简意赅的话语，才易产生幽默感

幽默需要节制，毫无节制的幽默反而失去了幽默带给人们的欢乐光泽，取而代之的是他人厌恶，导致自己的社交失败。

社交场合一旦出现了说话啰唆的人，无论什么人都会感到伤透脑筋。他们大大咧咧、漫不经心，讲起话来啰唆一大堆，看不出他们所说的话中间有什么逻辑联系。他们既不知道自己是在说些什么（没有明确主题），也不知道自己为什么要说这些（没有明确目的），更不知道自己遇到与人谈话的场合应该怎么办（不了解谈话的基本规则）。

这样的人往往心地善良，不含恶意，但就是让人受不了。即使拥有幽默的口齿，也很难给人们带来真正的乐趣，因为啰唆已经影响到了幽默的美感。

古典小说《镜花缘》中，林之洋、唐敖、多九公三人到了白民国，在一家酒店吃饭，酒保把醋错当成酒给他们送来了。林之洋素日以酒为命，举起杯来，一饮而尽。那酒方才下咽，不觉紧皱双眉，口水直流，捧着下巴喊道："酒保，错了！把醋拿来了！"这时旁边一个驼背的老儒赶忙劝他道：

"先生听者：今以酒醋论之，酒价贱之，醋价贵之。因何贱之？为甚贵之？真所分之，在其味之。酒味淡之，故而贱之；醋味厚之，所以贵之。人皆买之，谁不知之。他今错之，必无心之。先生得之，乐何如之！第既饮之，不该言之。不独言之，而谓误之。他若闻之，岂无语之？苟如语之，价必增之。先生增之，乃自讨之；你自增之，谁来管之。但你饮之，即我饮之；饮既类之，增应同之。向你讨之，必我讨之；你既增之，我安免之？苟亦增之，岂非累之？既要累之，你替与之。你不与之，他安肯之？既不肯之，必寻我之。我纵辨之，他岂听之？他不听之，势必闹之。倘闹急之，我惟跑之；跑之，跑之，看你怎么了之！”

唐敖、多九公二人听了，只有发笑。林之洋道：“你这几个‘之’字，尽是一派酸文，句句犯俺名字，把俺名字也弄酸了。随你讲去，俺也不懂。”

其实老儒无非是要告诉林之洋，醋的价格比酒要贵，酒保既然把醋给你，不要作声就是了，省得他跟你多要钱。如此啰唆地叙述这么简单的意思，也难怪三个人又好气又好笑呢。

要答应别人一件事时，说一句最多两个好字已经够了，但有些人却把“好”字一连说上十几个，这种重叠使用，不仅浪费，而且可笑。譬如说明天会，有人就说明天会明天会……其实用叠句的时候，除非是特别引人注目，或特别要增强语言力量时才用得着，在平时，这些习惯还是避免为佳。

如果你是个太讲究的人，你还是改变一下作风吧。犹豫不决，凡事要适可而止。把客气话说得太多，反而使人讨厌。同样的名词不可用得太多，有人在解释物质不灭原理时，在几分钟内，把从“科学的观点上说”一语运用了二三十次。

要知道，无论什么新奇可喜的词，多用便会失去它动人的价值，第一个用花来比喻女人的人是聪明的，第二次把它再用的人便是蠢材了。人都喜好新鲜，每说一事，要创造一个新名词。把一个名词在同一时期中重复来用，是会使人厌倦的。

以下是几个具体步骤，能提醒你在幽默交谈时要注意的技巧，在不该啰唆的时候干脆地表达。

（1）既然是交谈，就要先听清楚别人在说什么，还得用心记住，免得3分钟后又重新发问，或自己说的和别人说的对不上号。聆听有时比说话更重要。心不在焉、漏听字句和记性不佳，都会使谈话变得冗长、拖沓、无聊。试想，如果在说话时，有人时时提问：“你刚才在说什么？”那是多么令人扫兴的事。

（2）注意观察他人的反应，包括他人的语调是否热情，是否对说的话感兴趣。谈话就像司机驾车过十字路口一样，要时时注意红绿灯。别人表情冷淡、哈欠连连，仍然滔滔不绝往下说，无异于违反了交通规则，如果别人对话题感兴趣，就会做出积极鼓励的反应，邀请说下去。否则就是遇红灯，要赶紧刹车，适可而止。

（3）如果要开口说话，就要把话说得有条理。最令人困扰的就是缺乏有组织的语言，它会轻而易举地将人引到信口开河、离题万里的泥潭里去。说话无组织、无逻辑是思维混乱的表现，没有人愿意和这种人打交道。

（4）不要把“我”当成谈话中最大的字，要引导对话者也积极参与进来。这样即使你要说很多话，也不会让人觉得太冗长。在与人交谈时摆正“我”的位置，是一门大有学问的艺术。

玩笑一旦失分寸，“笑果”变恶果

职场如战场，职场中处处埋藏着能够伤害到你的“子弹”。在职场中生存就应该懂得这样一个道理：害人之心不可有，但防人之心万万不可无。

职场中的一句话可以改变一个人的命运，一句话有可以阻碍一个人的发展。说话的艺术性很重要，切记该说的要幽默地说，不该说的不要乱说。

在办公室里要做有心人，有些话不可乱讲，否则会招来不必要的麻烦，在办公室中幽默说笑需要注意哪些问题呢？

1. 薪水问题

很多公司不喜欢职员之间互相打听薪水，因为同事之间工资往往有不小的差别，所以发薪时领导有意单线联系，不公开数额，并叮嘱不要让他人知道。“同工不同酬”是领导常用的手法，用好了，是奖优罚劣的一大法宝。但它是把双刃剑，用不好，就容易促发员工之间的矛盾，而且最终会调转枪口朝向，矛头直指领导，这当然是他所不想见到的，所以他对好打听薪水的人总是格外防备。

有的人打探别人时喜欢先亮出自己，比如先说“我这月工资……奖金……你呢？”如果他比你钱多，他会假装同情，心里却暗自得意。如果他没你钱多，他就会心理不平衡了，表面上可能是一脸羡慕，私底下往往不服，这时候你就该小心了。背后做动作的人通常是你开始不设防的人。

首先，你不要做这样的人。其次，如果你碰上有这样的同事，最好早做打算，当他把话题往工资上引时，你要尽早打断他，说公司有纪律不谈薪水；如果不幸他语速很快，没等你拦住就把话都说了，也不要紧，用外交辞令冷处理："对不起，我不想谈这个问题。"有来无回一次，就不会有下次了。

2. 私人生活

无论你是失恋还是热恋，别把情绪带到工作中来，更别把故事带进来。办公室里容易聊天，说起来只图痛快，不看对象，事后往往懊悔不迭。可惜说出口的话如同泼出去的水，再也收不回来了。

职场上风云变幻、错综复杂，把自己的私域圈起来当成办公室话题的禁区，轻易不让公域场上的人涉足，其实是非常明智的一招，是竞争压力下的自我保护。"己所不欲，勿施于人"。如果你不先开口打听别人的私事，自己的秘密也不易被打听。

千万别聊私人问题，也别议论公司里的是非短长。你以为议论别人没关系，其实用不了几个来回就能"烧"到你自己头上，引火烧身，那时再"逃跑"就显得被动了。

3. 家庭财产

不是你不坦率，坦率是要分人和分事的，从来就没有不分原则的坦率，什么该说什么不该说，心里必须有谱。

就算你刚刚新买了别墅或利用假期去欧洲玩了一趟，也没必要拿到办公室来炫耀，有些快乐，分享的圈子越小越好。被人妒忌的滋味并不好受，因为容易招人算计。

无论露富还是哭穷，在办公室里都显得做作，与其讨人嫌，不如知趣一点儿，不该说的话不说。

4. 雄心壮志的话

在办公室里大谈人生理想显然滑稽，打工就安心打工，雄心壮志回去和家人、朋友说。在公司里，要是你没事整天念叨“我要当领导，我置办产业”，很容易被领导当成敌人，或被同事看作异己。如果你说“在公司我的水平至少够副总”或者“35 岁时我必须干到部门经理”，那你很容易把自己放在同事的对立面上。

你的价值体现在做多少事上，在该表现时表现，不该表现时就韬晦一点儿也没什么不好，能人能在做大事上，而不是能在说大话上。

不乱说话不等于不说话，但一定要分场合。谈公司里的事情最好在比较适合、公开的场所，比如部门主管征询意见时，你不说就不妥，或者开讨论会时，该发言就不能闷着，老不说话领导以为你没主意，但私底下的闲话少，麻烦也少。

办公室是闲话的滋生地，工作间歇，大家很愿意找些话题来放松一会儿，为了不让闲聊入侵私域，最好有意围绕新闻、热点、影视作品聊天，避开个人隐私，放得开而且无害。

做一个幽默的“小偷”，以偷换概念增强效果

有个富翁，左邻是铜匠，右邻是铁匠，成天叮叮当当吵得厉害。富翁想过点清静的生活，请两家离开这里，于是，某天他特备一桌酒席宴请两位邻居，并在席间提出了搬家的请求，左右邻居都非常痛快地答应了。

两家都搬家之后，叮叮当当还是照旧。原来两家互换，左边的搬到了右边，右边的搬到了左边。

富翁所说的“搬家”，就是让他的左右邻居远远地搬离现在住的地方，离自己越远越好。但左右邻居显然使用了偷梁换柱、偷换概念的办法：你说搬家，那我们也搬了，满足了你的要求。可是事实上，他们只是互相交换了房子而已。这就是这种幽默技巧的独特之处，它把富翁所说的“搬家”和左右邻居理解的“搬家”当作同一个概念来使用，虽然从字面上看都是搬家，但显然两者的意思是相差很大的。左右邻居的幽默之处就在于，他们将富翁的“搬家”偷换成了他们自己认为的“搬家”，表面上看似契合了对方的意思，实际上却是文不对题的幽默效果。

不难看出，偷梁换柱幽默技巧的关键在于，要把概念的内涵做大幅度的转移、转换，使预期失落，产生意外；偷换得越是隐蔽，概念的内涵差距越大，幽默的效果越是强烈。

逼近年关，某公司开始紧张地赶货。几乎所有的员工都加班加点地工作了30多天，一个个感到异常疲惫。这种前所未有的工作压力甚至让一些体质较弱的女员工出现昏厥现象。

一次，晚班开始后十余分钟，员工小董才匆匆忙忙地赶回来，将一箱牛奶分发给同事们。原来，他见同事们工作太辛苦，于是自掏腰包买了牛奶让大家提提精神。

这时候，有人冲他打趣地说道："刚才一直没见着你回来，我们还以为你去幽会了呢？"

"幽会？"小董故作懵懂，指着牛奶幽默地说："哪有什么'优惠'，都是原价的，一点也不打折的。"同事们被他傻乎乎的样子逗得哈哈大笑起来，以百倍的精神投入了新的战斗。

以上可以看出，偷梁换柱的关键在于一个"换"字，能否换得巧、换得妙，与幽默的效果有很大关系，首先，你得保证自己换的概念确实行得通，其次，让对方在听到你的话后，马上产生一种错觉——你把概念理解错了，再次，又得让他知道，你是故意这样做的。此时你再按你的思维继续发挥，你的幽默也就出来了。

在日常生活中的小辩论，能够使用偷梁换柱技巧的地方很多。比如：

美国总统威尔逊任新泽西州州长时，一位议员好友去世了，威尔逊悲痛不已。

此时一位政客非常不合时宜地打来电话说："我希望能代替

那位议员的位置。”

威尔逊对这个人感到十分恶心，就说道：“如果殡仪馆没有意见的话，我本人完全同意。”

艾米正在看全球人口死亡统计表，她非常有感触地对邻座的男同学说：“你知道吗？每当我呼出一口气，世界上就有一个人死掉！”

“是吗？”男同学作出诧异的表情问道，“你难道不刷牙吗？”

一个历史系的女生某日感叹道：“古人没有电视机、电冰箱、洗衣机、电话机，可怎么活呀？”

另一哲学系男生立刻接话说：“所以他们都死了。”

特别要注意的是，在一般情况下，概念被偷换得越是离谱，所引起的预期的失落、意外的震惊就越强，其幽默的效果就越明显；概念之间的差距掩盖得越是隐秘，发现越是自然，可接受的程度也就越高，就越容易引人发笑。切忌在包袱抖出来前就先说明你的道理，那样就全无“笑”果可言了。

概念被偷换了以后道理上讲得通，显然这种“通”不是“常理”上的通，而是另一种角度上的通，但正是这种新角度的观察，显示了说话者的机智和幽默。

转换视角：幽默切忌公式化，学会打破常规

事情往往是具有两面性的，但是人们总是常常看到其中的一面，这就是习惯思维的力量。但是，“尺有所短，寸有所长”，就是因为人们看问题的角度发生了转变的原因。转换角度，你会发现平淡中的神奇，悲哀中的幸福，枯燥中的幽默。

纽约一个儿童游乐园大门口的牌子上写着：“成年人必须在孩子陪同下，方可进入。”

柏林一家花店门口写着：“送几朵花给你所爱的女人——不要忘了你太太。”

瑞士某旅游胜地的告示牌上写着：“爱花的人，让花留在山上吧。”

伦敦一家旅馆在所有房间里贴有这样的告示：“客人们，请把你的歌藏在心底，因为我们的墙壁，并非像你想象的那样厚实。”

加拿大阿尔伯特州某公园入口处一告示牌：“请不要打扰里面的鸟，它们在此避难。”

墨西哥一边境小城的入口处，悬挂一则醒目的交通告示：“请司机注意：本城一无医生，二无医院，三无药品。”

坦桑尼亚曼拉湖国家公园对不文明的游园者，以小诗相劝：“不要招致一些厌恶的话语，比如真可恶，是他将美丽的环境弄脏，

到那时，你的脸往哪儿搁？”

我们可以看出，只要换个角度来劝诫，既充满乐趣，也更容易让人接受，比那些枯燥的警示语有意思多了。事实上，生活中许多不好讲的事一旦换个角度来说，面貌就会焕然一新，妙趣横生。

有一次，戈尔巴乔夫为准时赶到会场，要求司机开快车。司机既担心他的安全，又怕违章，只好婉言谢绝。戈尔巴乔夫急了，命令司机与他调换位置，然后亲自驱车，疾驰如飞。很快，车就被交警拦住了，警官命令警士将违章者扣留。警士到车前查询了一下，然后向警官汇报说：

“警官，坐车的是一位要人，恐怕不好查办。”

警官很不满地问：“那个人是谁？”

“我说不准，警官同志。不过，戈尔巴乔夫先生是他的司机。”警士面露难色地说道。

警士的玩笑开得极具水准，如果直言是戈尔巴乔夫开车，那警官必定会很难堪，那与“难道您有胆量扣留戈尔巴乔夫的车吗”无异，而用这种转换角度的方式来说则显得非常风趣，松弛了两人的神经，活跃了气氛，相信警官对此事就不会再追究了。

转换视角的关键在于打破常规，这是首要的条件，否则，很难做到突破常规，有所建树。

一次，苏联诗人马雅可夫斯基的演讲结束后，有人大叫：“马雅可夫斯基，您的诗不能使人沸腾，不能使人燃烧，不能感染人。”

诗人不慌不忙，并不急于解释诗中的内涵，从容地应答道：“因为我的诗不是大海，不是火炉，不是鼠疫。”

很显然，那位带着挑衅的听众的话是质疑诗人的诗歌，或者是蓄意滋事。但是，诗人并没有顺着听众的意思去为自己的诗歌做辩解，而是转换角度：你说我的诗歌“不能使人沸腾”，那是因为它“不是大海”；你说我的诗歌“不能使人燃烧”，那是因为它“不是火炉”；你说我的诗歌“不能感染人”，那是因为它“不是鼠疫”。试想一下，如果诗人去解释自己的诗歌，显然不是一下就能说清楚的，而且可能显得苍白无力。面对蓄意挑衅者，这样的回答真是绝妙之极。

另外，我们从诗人的幽默回击中还看到，转换视角很重要的一点，还要找到事物之间的联系，尽管有些联系看起来很荒诞。鼠疫也能感染人，但是显然和诗歌感染人是完全不同的两码事。但幽默正是从这些荒诞中产生的。

正话反说：反其道而行，正话偏偏要反说

在幽默语言交叉技巧中，正话反说以语义的相互对立为前提，依靠具体语言环境的正反两种语义的联系，把相反的双重意义以辅助性手段如语言符号和语调等衬托出来，使观赏者由字面的含义悟及其反面的本意，从而发出会心的微笑。正话反说是造成含蓄和耐人寻味的幽默意境的重要语言手段之一。

已经下课了，可老师还在不停地讲课。有个学生眼睛不住地往操场上瞧。老师批评他说："你呀，人在教室，心在操场，这怎么行呢？"

学生听了说道："老师，让我人到操场，把心留在教室，好吗？"

很多时候，人们的语言缺乏幽默感，是因为总是用正常思维来表达自己的诉求，而幽默就需要出其不意，打破常规。上面这位同学的回答就是打破常规思维的正话反说，老师拖堂，学生一般都很讨厌，又不好说出来。这位学生却另辟蹊径，运用反向思维正话反说，委婉地陈述了自己的意见，又不失幽默风趣。

一位顾客在饭馆吃饭，米饭中沙子很多，顾客把沙子吐出来一一放在桌子上，服务员见此情景很不安，抱歉地问："尽是沙子吗？"顾客摇摇头微笑地说："不，也有米饭。"

多么睿智的幽默！吃饭自然是吃米，但是面对碗里的沙子，

顾客并没有直接指责，而是顺着服务员的意思，否定了服务员的“尽是沙子吗”的问话，以“也有米饭”幽默地表达了自己的不满。我们可以通过这句话马上想到这样一幅情景：满碗的沙子里掺杂着一些米粒。这当然是夸张的想法，但正是这种夸张才是幽默产生的根源。

正话反说，字面上意思给人一种十分突兀的感觉，深层里却又传达出另一种意思来，这层意思虽不明言，双方都心照不宣，前后两层意思的碰撞就产生了幽默。而且这种正话反说表达的意思往往比明白讲出来更让人易于接受。当然也更能展示出说话者的幽默感。

正话反说幽默术借助话语一前一后的相互对应，让人一看就能明白说话者的真实意图，却又因为简单地玩了一个前后颠倒的把戏，不免就让人开怀一笑。

有的时候，我们会遇到对方的故意挑衅，或者是非常直接的指责，如果我们也很直接地回击，一场“战争”就在所难免了。我们可以用幽默来表达对对方这种直接挑衅的不满，达到既回击了对方，又不损坏自己的形象的效果。

有一次，赫鲁晓夫访问南斯拉夫，铁托在一些高级官员的伴随下迎接他。一名高级官员突然提出挑衅性的问题，他对赫鲁晓夫说：“俄国和斯大林对我们干了许多坏事，所以我们今天很难相信俄国人。”气氛一下子紧张起来。冷场片刻之后，赫鲁晓夫走到说这番话的高级官员身边，拍着他的肩膀对铁托说：“铁托同志，如果你想叫谈判失败，就任命这个人担任谈判代表团团长。”

即使赫鲁晓夫向对方去解释，也不是几句话能说清楚的。而如果直接回击对方，显然有失一个大国领导人的身份，也显然对双方的合作不利。赫鲁晓夫用正话反说的幽默，既表达了不满，又提出了警告——如果要谈判成功，就别让这个人当谈判代表团团长。

总之，正话反说就是故意把白的说成黑的，把明的说成暗的，名实相违而又彼此心照不宣，借与自己意图相反的话语来表示出真正的意思，二者形成强烈的反差，幽默就在这反差中喷薄而出。话语表里两层意思的反差常常是幽默的原动力，幽默的生命也常是靠此维持，正话反说因此也就是一项极为常用的幽默术了。

声东击西：虚晃一枪，笑料百出

声东击西法，是指目标在西而先假意向东，出其不意地给对手一击。它实际上是一种含蓄迂回的幽默技巧。其实声东击西的手法在生活中经常运用，不仅成年人懂得，就连许多小孩也深谙此道。

有一个1岁多的女孩。一天晚饭后，和她的妈妈一起在小区里玩耍，这时小女孩看见一个比她大一点的小男孩在玩一个很好玩的玩具，很想去玩，但估计了一下双方的实力，觉得肯定抢不过人家。于是她就走到那个小男孩的妈妈面前，喊道："阿姨，抱抱！"那个小男孩的妈妈高兴地去抱她，于是小男孩看见不干了，丢下了玩具，赶快跑过来要妈妈抱自己。

于是，小女孩顺利地拿到了玩具。

我们不得不佩服这个只有1岁多的孩子的机智，她纯熟地玩了一招"声东击西"。

从这个小幽默中，我们可以看出：一是小女孩准确地找到了"东""西"之间相关联的事物，那就是小男孩和他的妈妈。二是她还找到了更重要的一点，那就是小男孩的霸占心理，他看到自己的妈妈抱别的孩子，肯定会阻止，而对于小孩子来说，精力还不能很好地兼顾两种或者更多的事物，得到一个必然暂时放弃另一个。找到了这两点，声东击西术就完全实现了。

斯克尔顿是位著名诗人。一次，他去赴宴，酒喝多了回不了寓所。于是，他住进了一家小客店。半夜，他渴得厉害，大喊伙计要水。但没人应他，他又喊自己的马夫，马夫也不在。“怎么办呢？这样下去可不行！”

他灵机一动，大喊道：“救火啊！救火啊！”顿时，全店乱成一团，所有的人都起来了。他继续喊，不一会儿马夫和伙计便拿着蜡烛冲了进来：

“火在哪里，怎么看不到呢？”

“在这，”斯克尔顿指着自己的喉咙，“火在这里面，快给我端水来，浇灭它！”

声东击西的幽默技巧犹如虚晃一枪，这虚晃的一枪只是为了分散或者转移对方的注意力，让对方对你的真实目标放松警惕，从而使你能够顺利达到目的。这正是利用对方对外界事物的第一反应做文章，以自己意图之外的东西去吸引对方的注意力，让人防范或拒绝，再以实际的意图“攻”对方一个措手不及，产生幽默的效果。

声东击西的幽默技巧有些“兵不厌诈”的意思，它利用人们的预期心理，“指”向“东”方，当人们顺着他“指”的方向看时，忽然又反打“西”方，这样在“东”“西”的一反一复中，不和谐的因素产生，幽默的酝酿也就成熟了。

因为声东击西的幽默技巧含有欺诈的成分在内，这固然能

"骗"住对方，从而产生幽默，但若经常玩这种诡诈的把戏，别人就不会认为这是幽默，反而要怀疑你的人品了。这样，幽默的目的没有达到，还失信于人，实在是得不偿失。因而我们不能把"声东击西幽默术"当成法宝，不厌其烦地搬出来使用，而应当适度掌握分寸，不然牧羊小孩那"狼来了"的悲剧说不定就会重演。

一语双关：注意“话中有话”

抗日战争时期，日寇的飞机狂轰滥炸非常频繁，让山城重庆的百姓和流寓此间的各界人士，无不吃尽苦头。只要听见警报一响，大家都得赶紧丢下手头上的事情，涌入防空洞避难。陈寅恪教授目睹此状，感慨不已，于是为防空洞题写一联，联文仅8个字，却一时广为流传：

见机而作

入土为安

这真是一则让人哭笑不得的黑色幽默。“见机而作”和“入土为安”本是中国人熟悉的成语和俗语，其语义与飞机、防空洞本没有任何的牵涉，陈先生却巧妙使用双关法撰联，以此“机”（时机）音彼“机”（飞机），用“入土为安”说“进洞避难”，不仅妙趣横生，而且兼蕴悲天悯人的感叹，其意味近乎“含泪的笑”。陈先生的才思敏捷，由此可见一斑。

要特别注意的是，有些词语本来是没有多义性的，但在特定条件下受上下文的影响，也可带有某种双关的含义。语义双关的修辞格式以语义的关联为纽带，利用本义和转义的差距造成语言的交叉，产生含蓄的幽默效果。

从上面的幽默中我们可以看出，语意双关是利用了一个词语所具有的两种或者更多的意义，在一定的语境中，为了达到有效、含蓄、幽默地表达思想和情感以及提高表达效果的目的，人们有意识地让同一话语具有两种不同的思想、概念、情感等。不同语义的暗示之所以能起到关联的作用，是因为某些词与词之间在音、形、义方面存在着一定的类同现象。这种类同现象的存在使得人们能够自然地关涉词语的表层信息和它暗指的深层语义。

猴子死后去见阎王，请求来世做人。

阎王说："你要做人，必须把身上的毛都拔掉。"就叫小鬼过来，给他拔毛。才拔一根，猴子就痛得大叫大嚷起来，不让小鬼拔它的毛。

阎王说："看你，一毛不拔，怎能做人呢？"

这则笑话假托一个寓言故事，讽刺极端吝啬自私的人，他们连拔一毛就可以利天下的小事都不做，结尾则发出了"怎能做人呢"的犀利质问。

"一毛不拔"字面意义是一根毫毛都不肯拔，引申义是形容极其吝啬自私。这则笑话兼有两种意义：表面上假托阎王责骂猴子一根毫毛都不肯拔；实际上是用来讽刺极其吝啬自私的人。

恰当地使用语义双关，言在此而意在彼，有一箭双雕之妙。有时幽默诙谐，饶有风趣；有时委婉含蓄，耐人寻味。

幽默思维：意料之外，情理之中

一个刚退休的老人回到家，在小城买了房住下来，想在那儿宁静地打发自己的晚年，写些回忆录。

刚开始的几个星期，一切都很好，安静的环境对老人的精神和写作很有益，但有一天，3个男孩子放学后开始来这里玩，他们把几只破垃圾桶踢来踢去，玩得不亦乐乎。

老人受不了这些噪声，于是出来跟这些男孩谈判。“你们玩得真开心，”老人说，“我很喜欢看你们踢桶玩，如果你们每天来玩，我给你们三人每人每天1块钱。”

3个男孩很高兴，更加起劲地表演他们的足下功夫。过了3天，老人忧愁地说：“通货膨胀使我的收入减少了一半，从明天起我只能给你们5毛钱。”

3个男孩很不开心，但还是答应了这个条件。每天下午放学后，继续去进行表演。一个星期后，老人愁眉苦脸地对他们说：“最近没有收到养老金汇款，对不起，每天只能给两毛了。”

“两毛钱？”一个男孩脸色发青，“我们才不会为了区区两毛钱浪费宝贵时间为你表演呢，不干了。”

从此以后，老人又过上了安静的日子。

老人运用的一种幽默的超级思维，一种反常规的幽默思维方法，为了实现不让孩子们踢垃圾桶的目的，而在起初用报酬鼓励他们去踢，并在逐渐递减报酬的情况下，引发了孩子们的逆反心理。

我们日常的幽默交谈是思维的外化，是思维的一种工具，没有思维就没有语言。语言表达过程，实际上是把思维的结果表述出来的过程，说话交谈就是从内部言语向外部言语转化的过程。

确定说什么是一种思维活动，在说什么与怎么说之间进行着快速转换的过程：思想—句子类型—词汇—语音。这个过程是完整的，任何一个环节出了差错，都会影响表达的进行。因此，从思维到语言的转化过程十分重要，进行这方面的基础训练有利于我们对语言的控制能力，从而更好地驾驭语言，发挥幽默语言的魅力。

1. 定向思维训练

定向思维是指按常规恒定模式进行的思维。定向思维的训练可培养我们对问题作深入思考的能力，有助于养成深入分析问题，透过现象看本质的良好思维习惯。

可拟定一些比较容易的叙述、说明、介绍方面的题目进行训练。为了使思维有条理，可在表达中插入一些常用的言语链。比如关联词“因为”“所以”“于是”“之所以……是因为……”可以按时间的先后和位置的移动进行表达，可以采取先总后分，先分后总等方式练习。

2. 逆向思维训练

逆向思维训练是反过来想一想，变肯定为否定，或变否定为肯定；变正面为反面，或变反面为正面。例如，世人一般把“这山望着那山高”喻为贪心不足而赋予贬义，如果化贬为褒，将其含义用于人类勇于向新的科学高峰攀登的赞颂中，岂不又可以肯定它了？例如爱因斯坦敢于取代牛顿经典物理学，用运动员一次次刷新纪录等事例说明人就是要有“这山望着那山高”的进取精神，批评哪种“无为而顺其自然”的“知足常乐”的消极态度。

进行逆向思维能培养逆向思考问题的能力，独立发表见解的能力。

3. 发散思维训练

发散思维是使表达者朝各种可能的方向扩散并引出更多的新的信息，从而达到创新的一种思维方式。

这里介绍 3 种训练方法：

（1）链接法。承接上一位表达者的话茬继续往下说的训练方法。

戴尔·卡耐基训练学员的即兴演讲就常用此法。卡耐基叫一位学员开始叙说一个故事。比如，这位学员说：“前几天我正驾着直升机，突然注意到一大帮飞碟正朝我靠近。于是我开始下降，可飞碟里有个小人开始向我开火，我……”说到这里，卡耐基要求他停下，然后要另一个学员接下去。

（2）连点法。将头脑中闪现出的人、事、物和散点按照一定的顺序和结构连缀成篇。比如用：花儿，气息，跑。

“置身各位青年朋友之中，我似乎感到春天的气息扑面而来。大家都很年轻，都有花儿一样的青春、花儿一样的年龄、花儿一样的生活，愿大家做帆船，乘风破浪，挺进大海；愿大家做骏马，飞奔未来，跑向光辉灿烂的明天。”

（3）联想法。是由一事物想到另一事物的训练方法。其特点是闻一知十，触类旁通，使说话具有流畅性、变通性。可以运用如下题目进行训练。

A. 出示一根玻璃棒，要求训练者通过联想，迅速说出它像什么。

B. 出示一个红色球，要求训练者通过联想，讲述我们的生活充满阳光。

C. 展示一幅画，画上有两只小鸡，要求训练者表达人生并非一帆风顺。

将错就错，荒谬中尽显幽默

将错就错的幽默技巧，往往着眼于驳斥对方，或者化解尴尬。“人非圣贤，孰能无过”，犯了错误不是问题，让错误明白地摆在那里而不去想办法补救才是真正的问题。其实，只要善于动脑筋，灵活应变，是完全可以改正错误的。

在网络上广泛流传着这样一个小幽默：

在拥挤的公交车上，一位男士站在一位女士的身后，汽车在拐弯时一个急刹车，这位男士不小心撞到了前面的那位女士身上。那位女士马上就恶狠狠骂道：“你个臭流氓，看你那德行！”

那位男士没有生气，却风趣地说道：“不是德行，是惯性。”

我们不得不佩服这位男士的从容机智和幽默风趣。尽管男士不是有意撞那位女士的，但是不管什么原因，毕竟是撞到了人家，算是犯了“错”。可是，换一个角度看，是因为刹车的原因才撞上的，那位女士显然有点得理不饶人，有点小题大做，这就是那位女士的“错”——出口骂那位男士“德行”。而男士将错就错，顺着女士的“德行”，解释为“惯性”，这样不仅解了自己的围，而且化干戈为玉帛，真是何乐而不为呢？这则故事把将错就错这一招发挥到了极致！

有的时候，确实是自己犯了错误，改正可能来不及了，那就可以采取将错就错的办法，做个及时的补救。由于这种补救事出意外，比较突然，又没有充足的时间做详细的考量，所以需要机智的头脑和丰富的联想才能做到。

毕加索18岁时，创作了自己第一幅铜版刻画。这幅画描绘的是一名英姿飒爽的斗牛士。不过，他没想到，真正的图像在印刷时必然是左右易位的。所以当他看到一个左手持着长矛的斗牛士时不禁大吃一惊。毕加索对自己犯的过失闷闷不乐，几乎要将铜版刻画一毁了之。幸好此时计上心来，将这幅铜版刻画命名为“左撇子”。

真是让人忍俊不禁，不过倒也是相得益彰的。毁掉一幅自己精心创作的作品，不仅是白费心血，而且也会给人带来精神上的打击。如果不能想到补救的办法，那就只能忍痛毁掉。在已经造成错误的基础上，似乎只能将错就错了。

在一家药店里，一位顾客气愤地对经理说：“一星期前，我在这买的生发膏，我用了一点作用也没起，我要求退款。”

“为什么？”

“你说，‘它可以与脱发作斗争的’，可是它根本不起作用。”

事实上，再好的生发膏也难以在一个星期内起作用，经理灵机一动，“您再试试看。我是说过，这种生发膏可用来与脱发作斗争，但并未说，它在一周内一定最终能取得胜利。”

顾客由愤怒突然转为大笑，经理见他情绪已经平静了下来，不失时机地向顾客再次阐明使用方法，请他回家再试一段时间，事情到此结束。机智幽默的对答让经理取得了这次谈判的胜利。

生活中，当遇到有人强词夺理时，你不妨也用将错就错的方法，“笑里藏刀”地给他狠狠的回击。

乔治·费多到饭店里用餐。

当女服务员送来一只缺了腿的龙虾时，他感到了不满。

“在蓄养池里的龙虾爱打架，被打败了的往往就会变得残肢少腿，”服务员振振有词地解释道，“请您原谅，这是龙虾的错！”

“既然这样，”费多吩咐道，“快把这只失败者端走，把那只斗赢的成功者送来！”

服务员强词夺理，硬拿龙虾互相斗殴这种荒唐透顶的理由来掩饰自己服务不周的错误；费多于是隐忍不发，并没有直接指责服务员，而是将错就错，先肯定了服务员的理由是“对”的，然后说出一句表面看来“合情合理”，实则“大谬特谬”的话，把尴尬推给了服务员，让服务员自食其果。

玩笑自嘲，用谦逊赢得影响力

人们总抱怨说幽默很难，其实幽默很容易，只要你学会嘲讽自己，你天天都是幽默的。开个玩笑自嘲一下，没有人会笑你傻，真正傻的人是不懂自嘲的“聪明人”。

如果我们有风趣的思想，我们就可以充满自信地面对自己的缺点，比如不尽如人意的身高，或者不够漂亮的脸蛋，抑或是不够完满的工作环境与生活状态，当你换一种角度看待自己所经历的一切，乐观地享受此刻的不快，不久之后，我们就会发现豁然开朗的另一片天地。因此，不妨试着在顺境的时候自嘲一番，在逆境的时候也自我幽默一把，相信好运迟早会降临。

幽默的生活态度总是能够给我们带来新的视角，总是能够让我们运用一颗平常心应对生活中的苦与乐。玩笑自嘲，作为一种谦逊而又豁达的胸怀，让我们在与人分享欢乐的同时，享受到一份温暖和谐的人际关系。

自嘲是自己对自己的幽默，是消除自己在社交场合、与人沟通中胆怯的良方。自嘲是运用戏谑的语言，向别人暴露自身的缺点、缺陷与不幸，说得直接一些，就是把脸上的灰指给对方看。俗话说得好：“醉翁之意不在酒。”自嘲同样是这个道理，自嘲在社交活动中有着独到的表达功能以及实用价值。

长篇小说《围城》重版，《谈艺录》与《管锥编》问世以后，钱锺书的名声日盛，求访者愈来愈多，钱锺书又有不愿意接受访问的脾气。有一天，有一个英国女士打电话给他，要求拜访，钱锺书在电话里不无幽默地说："如果你吃了一个鸡蛋感觉很好，又何必认识那只下蛋的母鸡呢？"

钱锺书自比"母鸡"，虽然是有意贬低自己，却是在说英国女士没有必要来拜访他。正如人们喜欢谈论一些关于别人的笑话一样，在适当的时候，也可以拿自己开开玩笑，自我解嘲。

一个懂得自嘲幽默的人必定是一个社交高手，是一个在与人交往中能够独守个性与乐观的人。自嘲可以巧妙地把陷自己于不利的因素，用一种荒诞的逻辑歪曲成有利因素，将自己从困境中解脱出来。

自嘲可以使人们在笑的同时，把你的窘态忘得一干二净。所以，巧用自嘲，既可以使自己在众人中平添风采，又能在幽默风趣、令人愉悦的情况下，取得皆大欢喜的结果。

世界上最不幸的就是那些既缺乏机智又不诚恳的人。很多人常常自以为很幽默，经常喜欢拿别人开玩笑，处处表现出小聪明，结果弄得与他交往的人不敢再信任他，以前的朋友也会敬而远之，纷纷躲避。

适当地拿自己开开玩笑吧，这不仅是一种机智，更是驱散忧虑、走向快乐的法宝。

因势顺推：顺水推舟，顺势而为成就幽默

因势顺推的方法有很多，有因果顺推、选择顺推、归谬顺推等。

妻子：昨晚我做了一个美梦。梦见你答应给我100块钱买衣服。肯定，你会成全我的美梦吧？

丈夫：那当然。说来真巧，昨晚我梦见自己把100块钱给了你哩！

夫妻之间来点幽默可以增加很多的情趣，让生活更美好。面对妻子的“美梦”，心知肚明的丈夫当然知道妻子的心思，但他不是简单地回答“我会或者不会成全你的美梦”，这样不但没有任何幽默可言，相反还可能惹来一场争吵。而聪明的丈夫顺着妻子的话，巧妙地回答妻子自己也是做梦已经成全了，以“梦”对“梦”，顺水推舟，幽默有趣。

因势顺推主要针对的是对方不善意的讽刺、嘲笑或者攻击。当遭遇这些时，你先不要急着反击对方，而是顺着对方的话说下去，把自己的反击包含在其中，在抖搂幽默的同时达到反击的目的，这样的效果更佳。

曾经有一位外国记者采访我军一位将领，将军批阅完文件，顺手把钢笔放在桌子上。外国记者看见桌子上放的是一支美国生产的“派克”钢笔，便故意问：“请问将军阁下，你们堂堂的中国人，

为什么还要用美国生产的钢笔呢？”

将军朗声笑着回答道：“提起这支笔，那可说来话长，这不是支普通的笔，而是一位朋友抗美的战利品，作为礼物送给我的，我无功不受禄就想谢绝，哪知那位朋友说，留下做个纪念吧！我觉得有意义，便收下了这支美国生产的钢笔。”那记者听完后，一句话也说不出来。

将军针对外国记者企图讽刺、讥笑中国落后的意图，成功地巧借话题，说了这番幽默风趣而又有分量的话。将军用“战利品”“做个纪念”和“觉得有意义”等词句暗示，这支笔正是中国人民强大的结果。

在经过一场激烈的争论之后，作家对厨师说：“你没有从事过写作，因此你无权对这本书提出批评。”

“岂有此理！”厨师反驳道，“我这一辈子没下过一个蛋，可我能尝出炒鸡蛋的味道，母鸡能行吗？！”

厨师妙用类比法说出了其中的道理，让作家无言以对。这则幽默虽有人工造作之嫌，却充分显示出了幽默与智慧的关系。

顺水推舟，是借人之口，为己所用，不作正面抗衡，而是在认同、甚至赞美的言语中出其不意、巧妙制敌。利用这种方法会让对方防不胜防，在对方满以为自己已经胜券在握时，给对方迎头一击。

美国剧作家马克·康奈利最突出的特征是他的难寻一毛的秃头，有人认为这是智慧的象征，也有人拿它取笑。

一天下午，在阿尔贡金饭店，一位流里流气的中年人用手摸了摸康奈利的秃顶，讨他便宜说："我觉得，你的头顶摸上去就像我老婆的臀部那样光滑。"

听完他的话，康奈利满脸狐疑地看了看他，然后他也用手摸了摸，回答说："你说得一点不错，摸上去确实像摸你老婆的臀部一样。"

对那人的攻击，康奈利不是直接与之对抗，而是顺水推舟，借对方之口反而讨了对方的便宜。

我们常在武侠世界里听到"借力打力"的说法，因势顺推与之有着异曲同工之妙。其精髓就在于把对方的话语加以深化，从而显示出矛盾点，出现幽默效果。只要细心一点，善于从对方的语言中找到着力点，就能巧妙而有趣地回击对方。

俄国著名寓言作家克雷洛夫长得很胖，又爱穿黑衣服。一次，一位贵族看到他在散步，便冲着他大叫："你看，来了一朵乌云！"

"怪不得蛤蟆开始叫了！"克雷洛夫看着臃肿的贵族答道。

作家巧借对方口中"乌云"为着力点，因势顺推，以"蛤蟆"回击，既顺理成章又幽默有趣。

有两个轻狂的青年，骑着高头大马在路上趾高气扬地走着，迎面走来一位牵着驴的老妇人，两位年轻人带着嘲弄的口气向老妇人"致敬"："早安，驴妈妈。"

"早安，我的孩子们！"老妇人答道。

老妇人巧妙借用对方话中的"驴妈妈"这个词语，顺其之势，借杆上树，以“我的孩子们”这个巧妙的措辞平和而又幽默地回击了两个青年的侮辱。

以上几种幽默还击的方法的关键在“顺”和“推”两个字上。首先要在别人的话语中发现着力点，可顺之物，或是形式，或是内容，把握其内在的精神，然后顺着这种内在的精神，“推”出与之有关又出乎对方意料的意思，幽默也就轻松产生了。此时的幽默就像是击石产生的火花，是瞬间的灵思，所以你必须要集中你的精神于一点，才能发出幽默的语句，以“四两拨千斤”之势化解尴尬的场面，完成不露骨的自卫与反击。

第三章

决战社交，幽默让你独领风骚

善用微笑为幽默的气场加分

有人对幽默中的微笑这样评价：真正的幽默很多源自真诚的热情而少于理智的思考，幽默不是鄙夷，不是出现在哄笑里，它的真义在于爱，出现在安详的微笑里。

在社交场合中微笑是最重要的表情。幽默不是肤浅的谈笑，也不是低下的嘲讽，它是健康的、积极的，它蕴含哲理而又妙趣横生。如果说幽默能给机械而繁忙的生活带来一丝生机与活力，那么我们不妨成为生活中淘取幽默的高手，让生活充满情趣，让快乐的微笑时刻洋溢在我们的嘴角。

微笑是一种良性的面部表情，反映出一个人的内心世界，是自信的标志、礼貌的象征、涵养的外化和情感的体现。在演讲中可以象征性格开朗与温和，可以建立融洽的气氛，消除听众的抵触情绪，可以激发感情，缓解矛盾。幽默的智者往往能够在脸上出现一种标志性的表情——微笑。

微笑可以以柔克刚，以静制动，沟通情感，融洽气氛，缓解矛盾，消融“坚冰”，为幽默表达打下良好的基础，是善意的标志、友好的使者、成功的桥梁。服务业的老板有一个共识：宁肯雇用一个小学还没毕业的女职工——如果她随时展露出可爱的微笑，也不愿雇用一位面孔冷漠的哲学博士。这话有些极端，却道出了其中的奥妙。

一次和朋友搭出租车去一个不大熟悉的地方。一路上，我们和司机有说有笑。但不知为什么，开出不久就不停赶上红灯。眼看下个路口，又碰到一个红灯。朋友随口嘟囔着："真倒霉！一路都碰到红灯，就差那么一点就过去了。"听到朋友的话后，司机转过头，露出一个很豁达的笑容："不倒霉！世界很公平，等绿灯亮时，我们总是第一个走！"

司机简单的一个笑容，简短的一句话，让我们感动。快乐其实很简单，快乐就产生于我们看待同一件事情的不同角度中。学会以笑待人，我们将会在充满美好的世界里潇洒自如。

发自内心的微笑是人们美好心灵的外现，是幽默的涵养，也是心地善良、待人友好的表露，是一个人有文化、有风度的具体体现。一个有幽默口才的人，就应该是这样的一种人。给别人做工作，要参加辩论和谈判，首先要打动他人的心；而动其心者莫先乎情，表情中最能赢得人心的是微笑。发自内心、表达真情实感的微笑，是取得说服效应的"心理武器"，也是辩论和谈判取得成功的秘诀之一。

在日常生活中，既然微笑有众多的效用，那么微笑训练便成为必要项目。然而，微笑训练都有哪些技术上的要求呢？这里介绍一个小小的诀窍，发明人是我国著名的电影表演艺术家孙道临。他说你只要在嘴上念声"茄子"就行了。

其中，微笑的练习与实用主要可以参考下面几种建议。

第一，在做微笑练习时，应注意总结一下微笑的特点：看看口腔开到什么程度为宜；嘴唇呈什么形态，圆的还是扁的；嘴角是平拉还是上提。练习时可以两人一组结对进行。

第二，微笑练习的动作要领是：口腔打开到不露或刚露齿缝的程度，嘴唇呈扁形，嘴角微微上翘。结对练习时可根据上述归纳的重点重复练习，并互相提醒，看看有什么问题。

第三，微笑也要分清场合，如召开重要会议、处理突发事件、参加追悼大会时，就不能脸带微笑。平日在运用微笑传情达意时，要真诚自然，适度得体。切不可无笑装笑、皮笑肉不笑、虚情假意地笑、僵化呆板地笑。硬“挤”出来的笑，只会大倒胃口，令人反感，宁可不要。

恰当的微笑，会让幽默的气场不断扩大，会让他人更加轻易地接受你、喜欢你。

恰如其分地幽默赞美，对方更开心

口才界流行一个比较出色的赞美定律——赫洛定律，即给他最想要的一种赞美。

所谓赫洛定律，是一种人际关系的需求理论，它强调满足对方的渴求，以此获得他人的认可与信任。就说话而言，我们与人交谈，从某种意义而言，就是一种探求对方需求的过程，通过这种过程，我们知晓对方的心理活动，由此制定下一步的谈话内容。根据赫洛定律，我们可以探求各种人对不同幽默的喜好，随之在谈话中多多运用令对方喜欢的幽默段子，那么和谐而欢娱的气氛就会油然而生。

在人的一生中，有无数让他们引以为自豪的事情，这些都是人生的闪光点。这些东西又会不经意地在他们的言谈中流露出来。对于一些引以为荣的事情，他们不仅常常挂在嘴边，而且深深地渴望能够得到别人由衷的肯定与赞美。

对于一位老师而言，引以为荣的往往是他教过的学生在社会上很有出息，你为了表达对他的赞美，不妨说："你的学生×××真不愧是你的得意门生啊。"对于一位一生都默默无闻的母亲，引以为荣的往往是她那几个有出息的孩子，你可以对她说："你有福气啊，两个儿子都已经扬眉吐气了。"她一定会高兴不已。

对于老年人来说，他们引以为荣的往往是他们年轻时的那些血与火的经历。

真诚地赞美一个人引以为荣的事情，并幽默地将这种赞美表达出来，可以更好地与他人相处。

王君几个中学时候的好朋友来他家玩，王妈妈非常热情地招待了他们，与这些当年的“小毛头”欢快地交谈了起来。

王妈妈说：“时间过得可真快啊，转眼你们一个个都大学毕业了，听说找的工作也不错，呵呵。看着你们一个个都成才了，真是令人羡慕啊。”

接着，王妈妈又说：“一个个有出息不说，说出来的话也是那么招人喜欢，真是到哪里都会受大家的欢迎啊。再转过头来看看我们家的孩子，不会说话，也不会来事，这不，工作还没有着落呢。”

王妈妈的一番话，把同学们说得哈哈大笑起来。

王妈妈对王君的同学给予了平实而幽默的赞美，表达了自己的真诚，因为王妈妈给了同学们想要的赞美。

他人最想要的赞美一定是真诚的，不是那种公式般的赞美，千篇一律的赞美最让人反感。幽默而真诚的赞美则需要言之有物。言之有物是说一切话所必须具备的条件，与其泛说久仰大名、如雷贯耳，不如说“您上次主持的讨论会成绩之佳，真是出人意料”等话，直接提及对方较有成绩的工作。若恭维别人生意兴隆，不如赞美他推销产品的努力，或赞美他的商业手腕；泛泛地请人指教是不行的，你应该择其所长，集中某一点请他指教，如此说，一定比跟他说套话高兴得多。

恭维赞美的话要切合实际，到别人家里，与其乱捧一场，不如赞美房子布置得别出心裁，或欣赏墙上的一幅好画，或惊叹一个盆栽的精巧。若要讨主人喜欢，你要注意投其所好，主人爱狗，你应该赞美他养的狗，主人养了许多金鱼，你应该谈那些鱼的美丽。赞美别人最近的工作成绩，最心爱的宠物，最费心血的设计，这比说上许多无谓的虚泛的客套话要好得多。

深化记忆，幽默地说出自己的名字

在初次见面经常遇到做自我介绍的状况，而在向陌生人做自我介绍时，许多人在介绍自己名字方面却做得不太好，在介绍时只是简单地报出自己的姓名：“我姓×，叫××。”自以为介绍已经完成，然而这样的介绍肯定算不上有技巧，也许只过了三五分钟，别人已经把他的姓名忘得一干二净，这样也就无法给别人留下深刻的第一印象。

幽默则是淡化记忆的克星，幽默的谈吐能够让他人牢记你的名字，长时间印象于你的气质、风度与涵养。

因此，在社交场合，一个幽默的自我介绍如同一次令人刻骨铭心的广告。幽默的自我介绍，可以给他人在最短的时间内留下最深刻的印象，为进一步的交往打下良好的基础。然而一段幽默的自我介绍，首先应该从介绍自己的名字开始，请幽默地说出自己的名字，那么一次成功的交际之旅将会让你收获颇丰。

一个人的姓名，往往拥有丰富的文化积淀，或折射凝重的史实，或反映时代的乐章，或寄寓双亲对子女的殷切厚望。因此，推衍姓名的幽默能使人对你的印象深刻，有时也会令人动情。

为了强化你在社交中的特色与潜能，特此列举出以下几种对姓名的幽默介绍法。

（1）利用名人式幽默。在新生见面会上，代玉做自我介绍时，风趣地说：“大家都很熟悉《红楼梦》里多愁善感的林黛玉吧，那么就请记住我，我是新时代的代玉，我是黛玉的反版，因为我天生快乐。”

利用和大家熟知的名字相近的方式来用幽默的方法介绍自己的名字，关键是大家所熟悉的，否则就收不到最终的幽默效果。

（2）自嘲式幽默。刘美丽介绍自己时说：“不知道父母为何给我取美丽这个名字。我没有标准的身高，也没有苗条的身材，更没有漂亮的脸蛋，这大概是父母希望我虽然外表不美丽，但不要放弃对一切美丽事物的追求吧。”

刘美丽幽默、乐观的自我介绍引起了人们的开怀一笑与敬佩，她以一种幽默的姿态向人们显示了自己积极的人生观与价值观，敢于正视自己外表的不美丽，反而让她变得更加有魅力。

（3）自夸式幽默。李小华很懂得幽默自夸，他在介绍自己时经常这样说：“我叫李小华，木子李，大小的小，中华的华。都是几个笔画不多的较简单易学的字，就如我本人，简简单单、快快乐乐。但简单不等于没有追求，相反，我是一个有理想并执着的人，在追求理想的路上我快乐地前行。”

李小华幽默的自夸中，并没有真正蓄意表现自己的狂妄，相反，他在自夸的同时是为了向大家表现自己的亲和，幽默的智慧正在于此，幽默让伟大显得谦逊，让谦逊变得伟大。

（4）利用谐音式幽默。朱伟慧在一次自我介绍中曾经这样幽默说："我的名字读起来像'居委会'，正因为如此，大家尽可以把我当成居委会，有困难的时候来反映反映，本居委会力争为大家解决。"听到这样的介绍，大家忍俊不禁。

大家笑不是因为朱伟慧的名字起得趣味十足，而是在于她将自己的名字介绍得幽默地道。

（5）姓名来源式幽默。陈子健幽默自白道："我还未出生的时候，名字就在我父亲的心目中了。据说他很喜欢这样一句古语'天行健，君子以自强不息'，于是毫不犹豫地给我取了这个名字，同时希望我像君子一样自强不息。没办法，父母之命不敢不从，何况刚出生的我还没有力气来修改自己的名字呢。"

以自己的名字来源作为噱头，幽默且不失明确地表达，于趣味中留给他人生动，于豁达中施与他人快乐。

（6）调换词序式幽默。周非在自我介绍的时候，就经常调换词序，他竟成这样跟人家介绍说："把'非洲'倒过来读就是我的名字——周非。所以请知道非洲的你们也同样明白我的存在。"

周非的自我介绍简单、幽默，充满个性，如果你的名字在顺序打乱后也是一个能够被大家熟知的事物，那么不妨从熟悉下手引导出自己的精彩介绍，那么想不要他人记住你都是一件比较难的事情吧。

（7）摘引式幽默。任丽群同学可谓是摘引式幽默的高手，她经常让陌生人过目不忘的原因不在于他外表的独特，而是在于她幽默的生活姿态。她在自我介绍中幽默道：“大家都知道‘鹤立（丽）鸡群’这个成语，我是人（任），更希望出类拔萃，所以，我叫任丽群。”

这种幽默、风趣的自我介绍，想不要引起他人的注意都很难。总之，自我介绍有很大的发挥空间，我们应该想方设法把它丰富起来，不要放过任何一个吸引人注意的机会。

幽默地说出你的名字，将自己的名字与大家熟知的“笑点”“笑料”巧妙地联系在一起，他们在介绍自己名字的同时，已经不经意地牵引着他人去想象、去发笑。

因此，幽默地说出你的名字，你将会是交际场上永远受人欢迎的一只翩翩起舞的蝴蝶，尽显自己的气度与乐观的本质。

人际交往遇僵局，试一试幽默破冰法

社交过程中，并不是一帆风顺，当你在公众交往中遇到了让自己尴尬、让他人尴尬、让自己为难、让他人为难的境况时，不要着急摆脱，学会运用幽默的智慧将谈话的感情色彩淡化，才能将交际之冰巧妙融化。

幽默口才有如春风一样让人心旷神怡，愉悦人的情感，让你在亲切友好的氛围中拉近双方的距离。无可厚非，这就是幽默在交际中的魅力与威力。

因此，在社交活动中如果遇到让人尴尬而不满的情景，最好不要生硬地表达不满，而要学会运用幽默的圆融，淡化感情色彩，转移尴尬与不舒服的情绪注意力。

在纽约国际笔会第四十八届年会上，轮到陆文夫发言。面对来自世界 40 多个国家的 600 多位代表，他不慌不忙，侃侃而谈。

有人问："陆先生，您对性文学怎么看？"这是一个尖锐的问题，回答不好会涉及不同国家的文化冲突问题。

陆文夫清了清嗓子风度翩翩地说："西方朋友接受一盒礼品时，往往当着别人的面就打开来看，而中国人恰恰相反，一般都要等客人离开以后才打开盒子。"

听众席里发出会意的笑声。陆文夫面对难以回答的问题，别出心裁地用一个充满睿智和幽默的生动比喻，把一个敏感棘手的难题解答得既简练通俗又圆满精辟。凭借诙谐的语气表示自己对此态度的认同，淡化了感情色彩。

无独有偶，英国前首相丘吉尔也曾经在公众场合遭遇了尴尬。但是，他没有被突如其来的嘲笑所吓倒，因为幽默的智慧远远胜过嘲笑的挑衅。

英国前首相丘吉尔在他执政的最后一年，出席一个政府举办的仪式。在他身后不远的地方有几个绅士窃窃私语："你看，那不是丘吉尔吗？""人家说他现在已经开始老朽了。""还有人说他就要下台了，要把他的位子让给精力更充沛更有能力的人了。"当这个仪式结束的时候，丘吉尔转过头来，对这几个绅士煞有介事地说："唉，先生们，我还听说他的耳朵近来也不好用了。"

丘吉尔知道，自尊自爱就要以适当的方式来表达自己的思想感情，他在这里的幽默一语，既淡化了感情色彩，给自己解了围，表达了不满，又使那些绅士自讨没趣。

社交场合碰到别人不恭的言行，还真不能发作，但憋在心里也不好受。海明威曾说过："告诉他你不高兴，但在话中别出现'不高兴'这个词。"把表示不满的语言用幽默的语言掩饰一下，让对方知道你不高兴，又不至于破坏友好气氛，是个不错的方式。

在社交场合中，随时都可能遇到"结冰"的状况，灵活的人会选择用幽默的沟通方式破除不和谐的"坚冰"。淡化感情的幽默技巧，是走上成功社交之路的法宝，是我们在现代生活中立于不败之地的重要技能。

以幽默回应别人的故意刁难

面对他人的嘲笑，一定要有胸襟、雅量，能够幽默地面对他人的嘲笑则是一种境界，同时也是一种做人的智慧。幽默，所体现的正是大度与乐观的生活姿态。幽默不仅让我们感受到了快乐的力量，而且能够让我们体会到人性的豁达与包容。

在社交中，受到他人的称赞与尊重固然是值得高兴与欣慰的事情，但毕竟一个人的言行举止不可能满足各种人士的“口味”。因此，人在“江湖”难免会受到一部分人尊重的同时，也会受到另一部分人的嘲笑。当友善的自己遇到他人的嘲笑时，不妨多点幽默的雅量来面对。幽默会让你看淡他人的无礼，看重自己的人格提升。

因此，幽默的社交不仅是让他人看到、听到你的幽默口才，更重要的是能让人感受到你幽默的内心与大量的生活态度。

曾任美国总统的福特在大学里是一名橄榄球运动员，所以他在62岁入主白宫时，他仍然非常健康。当了总统以后，他仍继续滑雪、打高尔夫球和网球，而且擅长这几项运动。

1975年5月，他到奥地利访问，当飞机抵达萨尔茨堡，他走下舷梯时，他的皮鞋碰到一个隆起的地方，脚一滑就跌倒在跑道上。他站起来，没有受伤，但使他惊奇的是，记者们竟把他这次跌倒当成一项大新闻，大肆渲染起来。在同一天里，他又在丽希丹宫被雨淋湿的长梯上滑倒了两次，险些跌下来。随即一个说法散播开了：福特总统笨手笨脚，行动不灵敏。自此以后，福特每次跌跤或者撞伤头部或者跌倒在雪地上，记者们总是添油加醋地把消息向全世界报道。后来，竟然反过来，他不跌跤也变成新闻了。哥伦比亚广播公司曾这样报道说："我一直在等待着总统撞伤头部，或者扭伤胫骨，或者受点轻伤之类的来吸引读者。"记者们如此的渲染似乎想给人形成一种印象：福特总统是个行动笨拙的人。电视节目主持人还在电视节目中和福特总统开玩笑，喜剧演员切维·蔡斯甚至在"星期六现场直播"节目里模仿总统滑倒和跌跤的动作。

福特的新闻秘书朗·聂森对此提出抗议，他对记者们说："总统是健康而且优雅的，他可以说是我们能记得起的总统中身体最为健壮的一位。"

"我是一个活动家，"福特幽默道，"活动家比任何人都容易跌跤。"

他对别人的玩笑总是一笑了之。1976 年 3 月，他还在华盛顿广播电视记者协会年会上和切维·蔡斯同台表演过。节目开始，蔡斯先出场。当乐队奏起"向总统致敬"的乐曲时，他"绊"了一脚，跌倒在歌舞厅的地板上，从一端滑到另一端，头部撞到讲台上。此时，每个到场的人都捧腹大笑，福特也跟着笑了。

当轮到福特出场时，蔡斯站了起来，佯装被餐桌布缠住了，弄得碟子和银餐具纷纷落地。蔡斯装出要把演讲稿放在乐队指挥台上，可一不留心，稿纸掉了，撒得满地都是。众人哄堂大笑，福特却满不在乎地说道："蔡斯先生，你是个非常非常滑稽的演员。"

面对嘲笑，最忌讳的做法是勃然大怒，大骂一通，其结果只会让嘲笑之声越来越炽。要让嘲笑自然平息，最好的办法是运用幽默的姿态一笑了之。一个有幽默感的人，不会去考虑别人多余的想法，而是有风度、有气概地接受一切非难与嘲笑。伟大的心灵多是海底之下的暗流，唯有小丑式的人物，才会像一只烦人的青蛙一样，整天聒噪不休！

这再次证明了幽默是一种比搞笑更出色的影响力，幽默是尴尬与拘谨的克星，幽默让一个有涵养的人懂得用雅量去面对他人的嘲笑。

在社交过程中，以讥讽应对嘲笑，只会降低自己的品格，让他人的嘲笑声再次风起云涌。多点雅量面对嘲笑，是对自己的自信，对他人的包容，是淡定的从容积淀出来的优雅。有了雅量的人生，就是充满尊敬、赞扬与幽默的一生。

气氛骤然变冷，用幽默来“解冻”

在日常生活和社会交往中，尤其是在比较正式的场合，如聚会、议事等常会出现冷场现象，彼此都很尴尬。冷场，在人际关系中无疑是一种“冰块”。打破冷场的技巧，就是及时用随机应变的幽默融化妨碍交往的“冰块”。

1. 风趣接话转话题

在谈话中善于抓住对方的话题，机智巧接话，可以使我们的谈话变得风趣，从而使谈话活跃起来。有一个典型的例子：当我们夸奖对方取得的成绩时，总能听到这样的回答，“一般情况”的说法。倘若我们不接着话茬说下去，就有点赞同对方的“一般情况”说法的意思，达不到接话说的目的。可以这样回答：“一班，情况尚且如此，那二班情况就可想而知了。”言外之意是说：“你一班的情况才如此的话，我二班的情况就更不值得一提了。”这类回答，一般是采用谐音、双关的手法，接住对方的话茬，作风趣的转答。

巧妙地搭对方的话茬，可以把一个话题引向另一个话题，使谈话转变一个角度继续进行下去。

刘某是公司某一地区的销售业务员。公司为了加强和客户之间的联系，特举办了一年一度的“工商联谊会”。公司安排刘某在会议期间陪同他的客户顾某。他们路过一家商场，谈起了商场销售情况。后来，顾某深有感触地说："现在，市场竞争够激烈的。"刘某接过他的话茬儿说："就是，在你们单位工作的业务员也不少吧？"

就这样刘某既把话题延伸下去，同时又把话题朝向有利于自己的方向发展。

2. 巧妙析姓辨名

在气氛不活跃时，可以针对一些人的姓名进行别致的解释，其效果往往会出人意料，从而活跃了气氛。

冷场的出现，往往与"话题"有关。"曲高和寡"会导致冷场；"淡而无味"同样会引起冷场。不希望出现冷场的交谈者，应当事先做些准备，使自己有一点"库存话题"，以备不时之需。

欲擒故纵，幽默地说服他人

欲擒故纵幽默法的逻辑学常识告诉我们，有时同一个语言在不同的语境中，可以表达不同的概念；有时不同的语词却可以表达相同的概念。

这种欲擒故纵幽默法，一般很有效力，一是增加了幽默感，从而使他的要求更易于使对方所接受。因为心理学理论告诉我们，同一要求，采用不同的方式表达，其客观效果是不一样的。二是先放后收，使对方难以讨价还价，只得照办。

日本的银行不允许职员留长发，因为留长发会给顾客留下颓废和散漫的印象，有损银行的形象。

有一次，一家银行的经理和人事部主任接待一批经过笔试合格的考生，发现其中有不少留长发的男子。为了能使这些留长发的考生都剪短发，人事部主任在致辞时，没有正面提出要求，而是充分运用了他杰出的口才和幽默感，只说了几句话，便使留长发的考生愉快地接受了他的意见。他是怎么说的呢？

人事部主任留着短发型，他说："诸位，本行对于头发的长短问题，历来持豁达的态度，诸位的头发只要在我和经理的头发长度之间就可以了。"

众人立即把目光投向经理，只见经理面带笑容站起来，徐徐脱帽——露出了一个光头。

人事部主任使用的就是欲擒故纵法，他的本意是要求考生们都留短发的，但他却不直接说出来，而是故意表现出一种豁达的态度，似乎他们的要求并不高。

从表面上看来，银行对于头发长短问题历来持“豁达的态度”，好像是“纵”，实际上，“诸位的头发长度只要在我和经理的头发长度之间就可以了”，却是“擒”。他是用不同的语词表达了同一个概念。以退为进又称为欲擒故纵的战略战术之一。

“以退为进”是军事上的用语，暂时退让输赢未定；伺机而进，争取成功，这就是一种欲擒故纵的策略。谈判也如打仗一样，亦是互相交锋，争斗激烈。有时要继续谈下去，有时则要暂时休会；有时要据理力争、讨价还价。有时候，即使双方都作了许多让步，但双方的谈判立场仍有很大差距，似乎谈判已钻进了死胡同。在确信谈判双方有许多共识，并且主动权在我方手里时，便可采用以退为进的方法，逼迫对方答应我方的条件。当然，这需要谈判者娴熟口才技法的运用，以免对方识破。

如果你是对的，你要坚持自己的观点，说服别人接受，那么，最好试着以一种温和、幽默、豁达的态度和技巧达到目的。退一步实际上可以让你进两步，这就是以退为进的高明之处。

社会上就是有许多人并非以论据去作反对，往往是意气用事，强硬说服，为反对而反对，若有一方能稍稍让步，对方就会不再反对从而使气氛缓和下来。

又如吵架的一方正欲向对方挥拳时，若对方以幽默的语气向他道歉，本欲挥下的拳头顿时失去了目标而缓缓垂下，一场火药味十足的争斗也顿时熄灭。

博得客户一笑的人，才能赢得客户的心

有一个销售安全玻璃的推销员，他的业绩一直都维持北美整个区域的第一名，在一次销售精英的颁奖大会上，主持人说："你用什么独特的方法来让你的业绩维持顶尖的？"他说："每当我去拜访一个客户的时候，我的皮箱里面总是放了许多截成15厘米见方的安全玻璃，我随身也带着一个铁锤子，每当我到客户那里后我会问他：'你相不相信安全玻璃？'当客户说不相信的时候，我就把玻璃放在他们面前，拿锤子往玻璃上一敲，而每当这时候，许多客户都会因此而吓一跳，同时他们会发现玻璃真的没有碎裂开来。然后客户就会说：'天哪，真不敢相信。'这时候我就问他们：'你想买多少？'"

直接进行缔结成交的步骤，而整个过程花费的时间还不到一分钟。

当他讲完这个故事不久，几乎所有销售安全玻璃的推销员出去拜访客户的时候，都会随身携带安全玻璃样品和一个小锤子。

但经过一段时间，他们发现这个推销员的业绩仍然维持第一名，他们觉得很奇怪。

而在又一次颁奖大会上，主持人又问他："我们现在也已经做了同你一样的事情了，那么为什么你的业绩仍然能维持第一

呢？”他笑一笑说：“我的秘诀很简单，我早就知道当我上次说完这个点子之后，你们会很快地模仿，所以自那时以后我到客户那里，唯一所做的事情是我把玻璃放在他们的桌上，问他们：‘你相信安全玻璃吗？’当他们说不相信的时候，我把玻璃放到他们的面前，把锤子交给他们，让他们自己来砸这块玻璃。”

从头到尾这个金牌推销员都在思考该以怎样独特的方式去吸引顾客的注意，这就是他一直保持领先地位的原因。他懂得以幽默的方式、独特的做法来表明自己产品的与众不同。

幽默在销售中至关重要。幽默说服顾客需要独特，需要抓住顾客的好奇心理来吸引顾客。很多推销员都会精心打造好他们在销售过程中的语言表达。

一位推销员在卖皮鞋，他对从自己柜台前走过的顾客说了一句：“先生，请当心摔跤！”顾客不由得停了下来，看看地面，这时推销员乘机凑上前去，对客户幽默一笑：“你的鞋子旧了，换一双吧！”“这双鞋子式样过时了，穿着挺别扭的，我这儿有更合适的皮鞋，请试试看。”

不用多说，在此情况下对方的注意力已经一下子集中到销售人员要讲的话题上了。

开始便抓住客户注意力的一个简单办法是去掉空泛的言辞和一些多余的寒暄。为了防止客户走神或考虑其他问题，可在推销的开场白中多动些脑筋，如果开始几句话表述的生动有力，句子简练，语风幽默，那么引起他人注意的概率将大大提高。讲话时目视对方双眼，面带微笑，表现出自信而谦逊、热情而幽默的态度，切不可拖泥带水、支支吾吾。一些推销高手认为，一开场就使客户了解自己的利益所在是吸引对方注意力的一个有效思路。

另外，从顾客的利益角度出发，提起对方注意的可能性较大，因为你所说的是他当下最关心的事。即兴的灵感总是少有的，因此在推销之前，做好应有的各项准备，包括你的思维，你的幽默风度，这样才能百战不殆。

另辟蹊径，小幽默有大智慧

每个人都有天生的创造性潜能，创造在说服过程中的比重越大，越容易激发他人的好奇，也越容易将他人的思绪引入到自己的思路中来。因此，另辟蹊径让说服在幽默中悄然进行，让说服在智慧的口才中变得不再坚不可摧。

一家私营企业因经营不善，财务室的桌子上总是堆满了各种讨债单。

太多了，都是千篇一律地要钱，财务主管不知该先付谁的好。经理也一样，总是大概看一眼就扔在桌上，说："能拖一天的就拖一天，让他们等着吧！"

但也有例外，仅有一次。

那次老板很干脆，他豪爽地说："马上给他。"

那是一张传真过来的账单，除了列明货物标的价格、金额外，大面积的空白处写着一个大大的"SOS"，旁边还画了一个头像，头像正在滴着眼泪，简单的线条，但很生动。

这张不同寻常的账单一下子引起所有财务人员的注意，也引起了经理的重视，他看了便说："人家都流泪了，以最快的方式付给他吧。"

这张特别的账单采取了与众不同的表达方式，它没有运用千篇一律的讨债方式，而是另辟蹊径，巧用一个“SOS”和一幅生动的图像，既表达了自己不得不要债的困境，又委婉而不失幽默地展示了自己的趣味心态。这样的讨债方式，不仅能够引起他人的信服，还能够博得他人的无限同情。这样的讨债方式可谓“一箭双雕”，令人拍案叫绝。

另外，需要注意的是，很多人在和别人说理时，会在不经意间触动别人的“自尊”，从而火上浇油。如果我们能运用好“另辟蹊径”这个幽默招数，改变说话的方式，得到的效果往往会不一样。

反击不要太严肃，幽默一点更有力度

鲁迅说：“用玩笑来应付敌人，自然也是一种好战法，但触着之处，须是对手的致命伤，否则，玩笑终不过是一种简单的玩笑而已。”玩笑是幽默的一种表现形式，在幽默的范围中，只有正面的、积极的、恰到好处的幽默才能被归入幽默的圈子。

因此，幽默可以是玩笑，但是玩笑并不一定就是幽默，幽默可以用来维护自己的尊严，却不乐意用来攻击他人的尊严。

这个社会上不乏一群总喜欢用玩笑中伤他人的人，他们总是扫别人的兴，以别人的难堪为快，品质恶劣至极。我们如果刻意躲闪，反而使自己更加手足无措，使他人得意忘形。因此，我们必须懂得幽默反击，让那些“伪君子”自惭形秽于幽默的石榴裙下。

1988 年，美国第四十一届总统进行竞选。民意测验表明：8 月以前，民主党总统候选人杜卡基斯，尚比共和党总统候选人布什多出十多个百分点。当布什与杜卡基斯进行最后一次电视辩论时，布什巧辩的策略是，抓住对方的弱点，揭其要害，戳在痛处，从而让对方陷入窘境。杜卡基斯嘲笑布什不过是里根的影子，用嘲弄式的发问“布什在哪里”。布什却幽默、轻松地回答了他的发问：“哦，布什在家里，同夫人在一起，这有什么错吗？”

布什的幽默与杜卡基斯的人身攻击正好形成鲜明的对比，杜卡基斯的玩笑是用来揭人之短，布什的幽默则是在为自己的涵养告白，虽是平淡的一句，却语义双关，既表现了布什较高的道德和幽默的品质，又讥讽了杜卡基斯的风流癖好，置杜卡基斯于极尴尬的境地。

社交场是没有硝烟的战场，不懂得说话的人将会活得很尴尬，不懂得幽默的人更会活得不够圆融。有时，别人可能用指桑骂槐的方式对你进行猛烈的人身攻击，侮辱你的人格。对此，你如果质问对方，正面回击，可能正中对方下怀，他会说，我并没有指你，你为什么要往自己头上硬扯。要回击这类人身攻击，最好的办法是采用同样含沙射影的幽默方式反击对方，取得借水行舟的效果。

林肯作为美国前总统，他对政敌的态度引起了一位官员的不满。他批评林肯不应该试图跟那些敌人做朋友，而应该消灭他们，包庇敌人是在为难自己。

面对质问，林肯面不改色，温和而略显幽默地说："当他们变成我的朋友时，难道我不是在消灭我的敌人吗？"

上述的幽默，只是"举隅"而已。有个成语，叫急中生智，幽默的应变能力正是这种急中生智的诙谐表现。要做到幽默中有随机应变，就需要灵敏的思维、丰富的语汇、渊博的知识和娴熟的技巧。只有掌握了各种应付尴尬局面的幽默技巧，受人责难时才能使自己立于不败之地，才能成长为社交中的佼佼者。

幽默是营造良好氛围的“空气清新剂”

幽默在生活中的功用很多，比如，解除尴尬，脱离窘境，替人解围，等等，但生活中大多数幽默仍然是“纯属娱乐”的性质，让我们自己和周围的人感到更多的轻松和快乐。

有一次，马克·吐温来到一个小城市，他想找一家旅馆过夜。旅馆服务台的职员请他将名字写到旅客登记簿上。

马克·吐温先看了一下登记簿，他发现很多旅客都是这样登记的，如拜特福公爵和他的仆人……

这位著名的作家于是也挥笔写道：“马克·吐温和他的箱子。”

一则纯属玩笑的小幽默在一时间引起了许多店员的笑声，难怪人们对这位作家有着无与伦比的热情，也难怪人们在评价马克·吐温时总会说：“有马克·吐温的地方总是充满欢声笑语。”

一个具有幽默感的人，总能发掘出事情有趣的一面，建立起自己独特的风格和幽默的生活态度。这样的人，容易创造轻松愉快的气氛，也容易受到人们的欢迎与喜爱。

一个初学乍练的理发师，在顾客的脑袋上划破了好几个口子。每出现一个流血的口子，他就撕一块棉花一捂。理发师越来越紧张，手都抖起来了，这时，宽容的顾客笑着说：“行了！我的先生，我的半个脑袋让你种上了棉花，剩下的地方让我种点亚麻吧！”

与人同笑，是与人沟通的一个重要途径，一个好的幽默总是能起到愉人悦己的作用。不管是私人聊天，还是公事交谈，幽默总是带来出其不意的“笑”果。

我国的一家公司与一家外国公司谈业务，气氛非常紧张，这期间，我国的公司安排了招待外宾的宴会，其中，有一道杂锦汤，看上去是万绿丛中数点白，来自外国的客人从未见过这种汤，很好奇地问：“那白色是什么？”

翻译本想译成鸡蛋，但又一转念，这刚好是缓和气氛的好机会，便急中生智地说：“这是公鸡夫人的孩子。”外宾先是一愣，然后会意地大笑起来，整个席间的气氛也因此得到改善。

在生活中，幽默是无处不在的，更没有固定的形式，不一定非得是令人捧腹的笑话，有时一个眼神、一个表情，一句简短的提醒，也能达到极度幽默的效果。很多时候，幽默更需要带有温馨与关怀。

在日本，公共交通工具通常都很拥挤，因此有“沙丁鱼电车”之说，这班由东京开出的电车，人潮拥挤，根本无立锥之地，就好像沙丁鱼罐头一般塞得满满的。每个乘客脸上都显得十分不耐烦，脾气似乎是一触即发。大家怒目相视，只希望车子开得快些，以便从这班拥挤的车上解脱出来。

车子到了第二站，车长说：“这一站是 ×× 站，下车的旅客请别忘了随身携带的东西。若忘在车上，那么我只好没收了。”大家听完这一段话，全都无意识地摸摸自己的随身物品，好像如果忘了会给车长拿去似的。

其实车长的这一段话是他职责之内应说的，但他能够适时地抓住乘客心理而使之注意力转移，加上了后一句，才使这句提示显得更加人性化，听者也会发出会心一笑。

幽默是上天赐予每个人的快乐法宝，只是有的人总也找不到使用的正确方法，让这件法宝变得一无是处，但是一个聪明的人，是知道如何运用这一法宝的，那就是不失时机地制造一些小快乐以达到愉人悦己的目的，相反，在与人交往中，一旦缺少了幽默，就缺少了一分魅力，丧失了一份吸引别人注意自己的机会。而幽默的人总会到处受人欢迎，因为他们可以化解许多人际间的尴尬和冲突，更可以带给人欢乐，甚至可以化腐朽为神奇。

掌握幽默技巧，打造良好人际关系

著名的心理学家凯瑟林曾说过："如果你能使一个人对你有好感，那么，你就可能使你周围的每一个人，甚至是全世界的人都对你有好感。只要你不是到处和人握手，而是以你的友善、机智、风趣去传播你的信息，那么空间距离就会消失。"的确，幽默能使人感到亲切，能拉近人与人之间、心与心之间的距离。

汤姆在外地迷失了方向，一位热心的过路人走过来问："你是不是走丢了？"

汤姆笑道："不，我还在这儿，可是火车站却的确被我丢了！"

于是，过路人被他的诙谐幽默所感染，亲自把他带到了车站，后来还彼此留下了联系方式。

这就是幽默的力量，它所挥发出来的亲和力无与伦比，让他人不自觉地向你伸出温暖之手，让你在人生路上减少很多曲折。

所谓亲和力，是指"在人与人相处时所表现的亲近行为的动力水平和能力"。人的亲和力的高低常常取决于一个人的性别特征和性格特征，如有的人生来不爱笑，有的人从小不爱亲近人，有的人天性爱热闹……但是所有这些都不是最重要的，只要你还懂得幽默，你的身上就不会丧失亲和力。特别是与陌生人相处时，适当的戏谑也可以一定程度上消除相互之间的陌生感。

从前有个邢进士，长得又矮又小。有一次，他在鄱阳湖上遇到强盗。这伙强盗把他的银钱抢到手后，还想把他杀了，以除后患。一个强盗刚刚举起鬼头大刀，邢进士赶忙凑趣地说："人家已经叫我邢矮子了，你今天再把我的头砍掉，我不更矮了吗？"强盗听后大笑，竟收起大刀，放他走了。

反观某些人，当出现一点小矛盾、小冲突时，缺少幽默细胞以缓和矛盾，动不动就勃然大怒。从他们的身上很难看到亲和力。这就是死板之人与幽默之人之间的差距。因为死板，人往往捉襟见肘、处处受制，把人际关系搞得剑拔弩张；因为幽默，左右逢源，灵活应变，广结人缘。

亨利·盖伊·卡尔顿是美国剧作家。他创作剧本和他的口吃一样为众人知晓。但是他并不为此忧虑，并且常常利用这种特殊的说话节奏营造出幽默效果。

有一次，他对喜剧演员纳特·古德温打招呼："古……古德温先生，我……我能占……占用您一……一刻钟吗？"

"当然可以，您有什么事？"

"我……我想与……与您谈……谈5分钟的话。"

有趣的言辞让两人同时感到了愉快，一场远远超过一刻钟的对话进行得异常顺利。

我们不得不承认亨利·盖伊·卡尔顿善用幽默的大智慧，同时，也不难看出，幽默可以显示一个人的聪明才智，使人倾倒，同时也能激起他人的兴趣；幽默还可以缓和紧张的气氛，人际交往中，难免遇到许多棘手的问题或尴尬的场面，恰当地运用幽默，能产生神奇的效果。

两辆轿车在狭窄的小巷中相遇。车停了下来，两位司机谁也不准备给对方让道。

对峙了一会儿，其中一个拿出一本厚厚的小说看了起来，另一个见了，探出头来高声喊道："喂，老兄，看完后借我看看啊！"

上面故事中向人借书看的那位司机真是将幽默的交友艺术发挥到了极致，因为本来用幽默的话语将矛盾的热度降低到零点，把车开出小巷之后就已经达到了目的，他却没有就此停止，而是通过进一步的幽默将两人发展成朋友关系。所以，当我们与陌生人发生冲突的时候，如果能幽默一点，大度一点，矛盾应该可以化解，敌意也能转变为友好。

这充分证明了，当一个人和他人关系紧张时，即使在一触即发的关键时刻，幽默也可以帮助彼此从容地摆脱不愉快的窘境或矛盾状态，开拓一段新的友谊。

老舍先生曾经说："我觉得幽默是一种平常心、平等心的表现。"这就是说，我们使用幽默的时候，和人沟通的时候，是怎样的一个出发点，是抱着怎样的一个态度面对的。如果一个人抱着与人为善的态度和出发点去和别人交往，那么他的语言就有感染力和说服力，幽默感也会随之而生。

如果说语言是心灵的桥梁，那么幽默便是桥上行驶最快的列车，它穿梭在此岸与彼岸之间，时而鲜明时而隐晦地表达着某种心意，并以最快捷的方式直抵人的心灵。

当然，幽默风趣并不是油滑、浅薄的耍贫嘴、打哈哈。它是智慧和灵感的闪光，是一种高妙的应变技巧，能含而不露地引发联想，出神入化地推动人们领悟一种观点、一种哲理，帮助人们在瞬息之间摆脱令人尴尬的窘境。更重要的，幽默风趣是一种品味、一种素质、一种特性、一种情怀的有意无意的流露。

有人形象地说：没有幽默感的语言是一篇公文，没有幽默感的家庭是一间旅店，没有幽默感的人是座雕像。是的，没有幽默感的人就是一座雕像，冷冰冰的，使人难以亲近。让我们学会幽默，给自己增添一份迷人的亲和力吧，让更多的人团结在我们周围吧！

不必掀翻谈判桌，幽默能和平解决任何“战争”

没有趣味的幽默不是真的幽默，幽默需要在趣味中给自己也给他人带来思考的机会与空间。

有位大法官，他寓所隔壁有个音乐迷，常常把电唱机的音量放大到使人难以忍受的程度。使得这位法官常常无法休息，忍无可忍的情况下，便拿着一把斧头，来到邻居家门口。他说：“我来修修你的电唱机。”音乐迷吓了一跳，急忙表示抱歉。法官说：“该抱歉的是我，你可别到法庭去告我，瞧我把凶器都带来了。”说完两人像朋友一样笑开了。

这位法官并不是真想把邻居的电唱机砸坏。他只是运用了一下趣味思考法，恰当地表达了对邻居的不满——请注意：是对音响而不是对人——他的行为似乎是对音乐迷说：“我们是朋友，我希望和你好好相处，至于唱机是唱机，可以修理一下。”当然，所谓“修理”只是把唱机的声音开低些罢了。

有时候，我们确实需要以有趣并有效的方式进行沟通，以表达人情味，给人们提供某种关怀、情感和温暖。

著名美式足球教练罗克尼，也是个善于进行趣味思考的人。在一次球赛中，罗克尼的诺特丹足球队在上半场输给威斯康星队7分。可是他在休息室一直与队员们开玩笑，直到要上场进行下半场比赛时，他才大喊一声："听着！"队员们惊惶失措地望着他，以为他要把每一个人都大骂一通，但是罗尼克接下去说："好吧。各位，走吧。"

没有责备，没有放马后炮，也没有指手画脚强调下半场如何踢球。罗克尼的乐观、豁达，克服了队员们心理上的障碍，帮助他们忘掉艰难的处境。他的球队在下半场创造了奇迹，踢出了一连串漂亮的球。后来罗克尼对采访他的人说："不是我赢了。而是我的趣味思考法赢了。因为我知道我们精神上赢了，那么球也就赢了。"幽默处理使他赢得沟通以及比赛。在沟通中自我辩解常显得无趣，它会让你觉得反而不是那么回事。但是，你如果运用"趣味思考法"，给人的感觉可能就不大相同。

幽默作家班奇利，在一篇文章中谦虚地谈到他花了 15 年时间才发现自己没有写作的才能。结果一位读者来信对他说："你现在改行还来得及。"班奇利回信说："亲爱的，来不及了。我已无法放弃写作了，因为我太有名了。"

这封信后来被刊登在报纸上，人们为之笑了很长时间，事实上是班奇利的幽默作品闻名遐迩。在上述事件中，班奇利并没有指责那位缺乏幽默感的读者，他以令人愉悦的迂回的方式回答了问题，既保护了读者的自尊心，也保护了自己的荣誉，并且，没有使这个自我辩护成为乏味的争吵。

获取幽默的途径很多，我们可以从以下几方面努力：

(1)用"趣味思维方式"捕捉生活中的喜剧元素。"趣味思维"

是一种“错位思维”，不按照普通人的思路思考，而是“岔”到有趣的一面去。演说家罗伯特是个光头，有人揶揄他总是出门忘了戴上帽子，他说：“你们不知道光头的好处，我可是天下第一个知道下雨的人。”罗伯特并不为自己的“秃顶”苦恼，反而“美化”光头，他这是用“趣味思维方式”捕捉自己身上的“喜剧元素”。他的思维“错位”使他想到的同别人就是不一样。

（2）要在瞬息构思上下功夫，掌握必要技巧。幽默风趣是一种“快语艺术”，它突破惯性思维，遵循反常原则，想得快、说得快，触景即发，涉事成趣，出人意料之外，又在情理之中。比如，有位将军问一位战士：“马克思是哪国人？”战士想了会儿说：“法国人。”将军说：“哦，马克思搬家了。”对于这常识性问题都答不出，将军当然不快，但这一“岔”，构成了幽默，其实也包含了对战士的批评教育。

（3）要注意灵活运用修辞手法。极度的夸张、反常的妙喻、顺势的借代、含蓄的反语，以及对比、拟人、拈连、对偶……都能构成幽默。另外，用词的俏皮、句式的奇特也能构成幽默。表达时，特殊的语气、语调、语速，以及半遮半掩、浓淡相宜或者委婉圆浑、引而不发，甚至一个姿势、一个心照不宣的微笑，都能表达意味深长的幽默和风趣。

第四章

尴尬时刻别上火，你的幽默就是『消防员』

尴尬时刻，让我们一起“荒谬”到底

无论在什么时候，给别人保留一点面子，也是为自己留一点余地。对中国人来说，面子实际上等于脸面。做事不讲讲脸面就没有进行下去的必要。于是面子问题一直是在业务洽谈、与人交往中的重要课题。

当你不小心触及他人的颜面问题，或者自己的面子遭受到外来嘲笑的时候，应该怎样正确应对呢？答案是，不要硬对硬，要懂得巧妙地运用幽默语言，挽回颜面。

丹麦童话作家安徒生有一次在大街上行走的时候，突然遭遇了他人的嘲笑，但是安徒生的幽默应答却让奚落他的人自惭形秽。

由于安徒生平时生活很简朴，常常戴着破旧的帽子上街。

突然有个行路人嘲笑他：“你脑袋上边的那个玩意儿是什么？能算是帽子吗？”

安徒生幽默回敬道：“你帽子下边的那个玩意儿是什么？能算是脑袋吗？”

安徒生巧妙地以其人之道还治其人之身，将同样的讽刺还击给了那个行路人，虽然讽刺性很强，却间接表达诙谐，顾虑到了行路人的面子。

幽默灵感的爆发，幽默的妙答常常使你在濒临危境的时候柳暗花明，享受绝处逢生的喜悦。生活中如果自己突然遇到了尴尬有失体面的小事，不妨幽默自己一下。

宋朝大文学家石曼卿，人称“石学士”。一日酒后骑马去报国寺游玩，突然马受惊乱跑，将石曼卿从马上摔了下来。只见石曼卿站起来，拍拍身上的尘土，拿起马鞭，然后风趣地对围观者说：“幸亏我是‘石’学士，要是‘瓦’学士，一定要摔破了。”

石学士把自己的姓，作了另外一种解释，妙语解疑，为后人称道。

语言的运用是一门综合艺术，照本宣科式的教条运用不会有好的交际效果。幽默机智的背后是深厚的文化素养，高雅的气质和风度。

幽默为武器，变意外为常态

生活中，时时处处充满了意外，这些意外或许会让你惊喜、或许会让你充满尴尬与无奈。但凡懂得说话幽默的人，都拥有着一种脱俗超群的品行与智商，对于突如其来的事情能够淡定自若、坦然处理。

一些广受人们爱戴的幽默大家，他们往往意志坚强、聪明灵活、自信敢为……除此之外，他们还有俘获人心的天然利器——幽默。

幽默是许多成功人士的成功素质之一，幽默能帮助他们从无名小卒成长为叱咤风云的大人物，给他们的人格披上了生机无限的魅力。

幽默是一种逆向与放射式的思维方法。具有幽默感的人往往具备较高的情商素质，幽默感强的人往往也更容易成功。原因很简单，幽默感强的人，往往具有灵活的思维与独特的思考方式，通常能够对人和事物具有与众不同的见地，进而能够在与他人的相处中尽情地迎合他人的喜好与需求，尽情展现自己洒脱的一面。他们因为幽默而受到更多人的喜欢与青睐，也因此能够利用幽默的说话技巧来办好难办的事情。

以“铁血宰相”称号载入史册的19世纪中叶普鲁士宰相奥托·冯·俾斯麦，是一位性格幽默的人。他也非常擅用幽默的盾牌，多次解决一些棘手问题。

有一次，俾斯麦在和一位朋友一起打猎时，他的朋友不小心陷入流沙中不能自拔。听到求救的声音，俾斯麦赶紧跑过来，可是他不仅不救他，反而还说："虽然我很想救你，可是那样我也会被拖入流沙中。所以,我不能救你。但我又不忍心看你这样挣扎。最好的办法是让你死得痛快些。"俾斯麦说完便举起猎枪。他的朋友因为不想遭到枪杀，便拼命挣扎。结果终于爬出流沙。其实，这正是俾斯麦的希望所在。

俾斯麦做军官时，寄宿在一个以吝啬出名而且非常厌恶普鲁士人的家中。有一天，他要求在他房间里装设一个电铃，以便在传唤部下时不用大声喊叫。可是，主人毫不客气地一口回绝了。于是俾斯麦不再说话。当天黄昏，从俾斯麦的房间里突然传出几声枪响。主人吓了一跳，以为发生了什么事，他当即跑进俾斯麦的房间，当他看到俾斯麦的表情沉着地坐在书桌前工作时，比先前更为惊讶了。他指着放在书桌上，枪口还冒着烟的手枪问："到底怎么回事？"俾斯麦坦然回答："没什么，我只是在和部下联络罢了！"翌日早晨，他的房间便装上了电铃。

俾斯麦的幽默体现了临危不惧的大智大勇、面对生活中小麻烦的机警灵活，幽默，让他解救了流沙中的朋友、说服了吝啬主人的小气，办好了很难办到的事情。幽默不只是听一听笑话，放声一笑而已。幽默的伟大在于能够以最快捷、最有效的方式化解我们在生活中遇到的各种意外情况。

幽默不仅能帮己，更是替他人解围的利器

“两难”问题就是不论你回答“是”或“否”都可能给你带来麻烦。回答这类问题最须用心，最需要幽默而机智的口才技巧。

为了更加形象地说明回答“两难”问题的方式以及作用，接下来主要用案例来说明，让大家能够在案例中具体体会到如何做才能让“两难”问题在幽默对策中迎刃而解。

1. 回避难题可找出他人的漏洞

在清朝末期的一次科举考试中，有一位考生的试卷做得甚是糟糕，当考官阅卷到最后的时候，居然发现这样一句话：“我乃李鸿章大人之亲妻。”这位考生在故意拉关系的时候，却误将“亲戚”写成了“亲妻”，实在可笑。

阅卷老师正好从考生露出的马脚出发，批语道：“断不敢娶（谐音‘取’）！”

上文中的“断不敢娶”有两种意思，表面上在指代既然是李鸿章大人的亲妻，当然不敢娶了，实质上是在说明对于这样的考生是不会同意录取的，阅卷老师将错就错，轻松解决了一个两难问题。如果这位考生真的是李鸿章大人的亲戚，也不能怪罪到阅卷考官的头上，是考生错字在先；如果这位考生是在无理取闹，那不予录取正是理所当然的。

当我们面对两难问题，既不能肯定也不能否定的情况下，那就拿他人的漏洞开刀，表明自己的无能为力，这是一种幽默的机智与变通，是一种保全自己的良方。

2. 正式场合遭遇两难，朦胧幽默为自己解围

顾维均担任美国公使的时候，有一天，参加各国使团的国际舞会。和他共舞的美国小姐忽然问："请问，您喜欢中国小姐，还是美国小姐？"

这个问题很难回答，如果说喜欢中国小姐，就得罪了共舞的美国小姐；如果说喜欢美国小姐，那又是违心之论，并且有贬低中国小姐的嫌疑。顾维均幽默地笑着说："不管是中国小姐还是美国小姐，只要是喜欢我的人，我都喜欢。"

针对美国小姐提出的两难问题，无论选择哪一个答案都会让顾维均遭受到他人的质疑。如果顾维均选择说自己喜欢中国小姐，那么就会让美国小姐气愤；如果他说自己喜欢美国小姐，又会造成对中国小姐的不尊重。令人欣慰的是，顾维均没有直接地做出选择，而是运用朦胧语言"只要是喜欢我的人，我都喜欢"，不仅给那位美国小姐留了情面，也为自己保全了气度。

以幽默回应别人的故意刁难

古时候，一个雪天的早晨，一个长工披着一张羊皮在财主院里扫雪。财主起床后看见了想趁机挖苦长工。于是大声说：

“喂，穷小子，你身上怎么长出一张兽皮？”

长工笑颜以对：“老爷，你的身上怎么长出一身人皮？”

针尖对麦芒，长工将“兽皮”换成“人皮”，就把财主放出的恶语“射”向了财主自己。这位长工是机敏的，面对讽刺，他能够巧妙地回击，他虽然是一个长工，但是却不允许他人来蔑视自己的尊严。尊严，是他看重的处世之道，而面对财主的挖苦，长工用笑语反击，虽说寓意犀利方法却温和，想必财主也会知趣地保持沉默。

幽默是在关键时刻能够为你挺身而出的哥们义气，但是要他出来帮你解围的关键前提，是你会及时施与义气。如果一个人连幽默是怎么一回事都不清楚，又怎会在危机时刻用幽默为自己助阵呢？

想拥有幽默口才就必须修炼，首先需要对幽默给予适度的重视以及必要的练习，将幽默的处世练习变成一种习惯，那么你就将在生活中真正实现无懈可击。

具有幽默本领的人往往具备敏捷的思维能力，可以将他人的讥讽幻化成为挡箭牌，在钝化了他人的讥讽的同时，又能给予强有力的回击。难怪人们总把激烈的语言交锋称为唇枪舌剑呢，有时候两片嘴唇、一条舌头，比真枪实弹的威力还要大。

人生在世，就应该慢慢体悟到圆融的处世之道。面对他人的不敬，应该用智慧、用口才去反驳，这样才能够显示自己而驳倒他人。幽默的口才魅力恰恰在于能将棱角分明的话语表达的诙谐幽默，却不失锋利的语言威力。从下面的案例中可以身临其境地感受到幽默的魅力与威力。

苏联诗人马雅可夫斯基曾与反对者进行论辩。

反对者问："马雅可夫斯基，你和浑蛋差多少？"

马雅可夫斯基怒而不露，不慌不忙地走到反对者跟前说：

"我和浑蛋只有一步之差。"

在场的人听了都哈哈大笑起来，那位攻击马雅可夫斯基的人只好灰溜溜地跑了。

另外，还有这样一个故事。

俄罗斯有一位著名的丑角演员杜罗夫。在一次演出的幕间休息时，一个很傲慢的观众走到他的身边，讥讽地问道："丑角先生，观众对你非常欢迎吧？"

"还好。"

"要想在马戏班中受到欢迎，丑角是不是就必须具有一张愚蠢而又滑稽的脸蛋呢？"

"确实如此，"杜罗夫回答说，"如果我能生一张像先生您那样的脸蛋的话，我准能拿到双薪。”

在这里杜罗夫却巧妙地把这位傲慢观众的脸蛋，同自己能否拿双薪牵扯在一起，从而产生了幽默的回击效果，对这位傲慢的观众进行了反讽。

案例中的几位主人公无不在为人处世之道中，遵循幽默的智慧，利用幽默冲锋枪将他人的攻击消灭于无形。如果说他人的言语攻击是箭，那么幽默的口才就是在任何时候都将利箭阻挡在外的盾牌。

幽默拒绝，合理说“不”莫伤人

毕达哥拉斯曾说过：在说那两个最短、最老的字——“好”或“不”时——需要最慎重的考虑。一位名人也曾说过：“不”是这个世界上最难说出的字眼，我们可能都有这样的感觉，面对亲戚、朋友、同事、领导的要求，明明心里很不情愿，很想说拒绝，可话到了嘴边就是说不出，这多半是因为怕拒绝伤害别人的感情，所以只好本能地委屈自己同意了别人的请求，等到事后又后悔自己的所作所为。

其实，并不是所有的拒绝都会影响人际关系，只要你拒绝得巧妙，就一定能取得对方的理解，绝不会影响你的人际关系，还会给人留下机智的印象。以下几则名人身上幽默拒绝的故事就非常经典，值得我们仔细品味和借鉴。

英国著名的天文学家布拉法莱，被任命为英国格林尼治天文台台长时，英国女王看他薪水低，准备给他加薪，布拉法莱得知后，向女王恳求说：“非常感谢您的好意，可是，我担心，如果天文台台长的薪水一旦加高，以后，来这里的人将不再会是天文学家了。”

幽默的应对既说明了拒绝的理由，又明示出某种道理，让女王有台阶可下，这样的拒绝可谓高明。

可以说，幽默是拒绝别人时必不可少的手段，它会让“不”说起来不那么困难，听起来更顺耳，想起来更有余味，也会使气氛不那么尴尬。同时，我们每个人都应该在该拒绝的时候会说“不”。不会说“不”，你就不是一个完整的人。你会变成别人思想的奴隶，你会成为别人的需要和欲望下的牺牲品。那么幽默说“不”有哪些规则可循呢？

这里列举一些生活中各种场合不会让人难堪的拒绝词，希望害怕说“不”的你能举一反三，移为己用。

朋友求你办一件违反原则的事，你有这个权力，却不能也不便这么做，这时你不妨说：“我的前任领导（同事）帮他的夫人办成了同样的事，结果是他的夫人过上了天堂般的生活，而他却被革职，至今还过着地狱般的生活，我知道你也想过天堂般的生活，可是作为朋友你总不想把我推进地狱吧？”

朋友向你借钱或借贵重物品，这几乎是人人都遇到过的麻烦事，本来就不宽裕的你可以这样说：

“你还是去向我的老板要吧，现如今我早已身不由己了。知道吗？我已经是全小区最著名的穷人了。”

你也可以更夸张地说：“上个月我的钱被朋友借去整容了，现在我想找他还钱可是已经不认得他了，实在没有钱借给你了。”

一个和你并不熟悉的人毫无眼色地管你借汽车，你可以说：

“随时可以来开，不过先和你打个招呼，我的车比较认生，别人一开就容易熄火，上次我老婆早上开车去超市买东西，我在家里等到傍晚她都还没回，打电话一问，原来每走五米这辆车就熄火一次，气得她只得找人在车后推着走呢。”

购物时，面对口若悬河，喋喋不休的推销员许多人都没有太好的对策，虽然明知他们常夸大其词，但又不好直接指出，这时你不妨从她的言辞的反面入手，让对方哑口无言。

一位太太在一家帽店试帽子，试了很多顶都不合意，最后，女营业员拿了一顶镶有钻石的红色呢子帽子给她，口是心非地说：“这是一顶很吸引人的帽子，红色充满了活力，上面闪闪的钻石又不失您的高贵，太太，真的，您戴上它会年轻 10 岁呢！”

这位太太早已经发现营业员的不诚实，终于想到了一个拒绝的理由：“哦，天呢，我绝不能买这顶帽子，想想看如果我摘下了这顶帽子，我又要老 10 岁了，这简直太可怕了。”

面对朋友们善意的约请，直接拒绝可能会让朋友扫兴，你不妨从自己身上找些特殊的原因，比如；

朋友约你去喝酒，你可以说：“现在力力不敢喝了，上次喝多了，错走到了别人家，差点把别人的女朋友当成自己的老婆，为此，我老婆现在还不和我说话呢。”

朋友约胖子去滑冰，对此并不感兴趣的胖子幽默地说：“这个建议听起来不错，但我只担心一件事，万一我从四楼砸向三楼，砸到了人谁来负担这笔医药费呢？”

不难看出，好的婉言谢绝往往能带来笑声而缓解被拒绝人失望的情绪。而用幽默的方式拒绝别人，是人际交往中非常重要的一课。正如某人际学家所说，会拒绝的人才是忠于自己的人。要记住，你有权力说“不”，否则你就会成为别人需要和欲望下的奴隶；你还要学会说“不”的技巧，既能达到拒绝的目的又让对方愉快地接受。

给人台阶，幽默救场最高明

幽默是与他人建立友好关系的杠杆，幽默是消除紧张气氛的轻松剂。这是因为，幽默这种情绪转换器的功效不仅仅在于改变说话者本身的情绪，使自己远离消极情绪，同时，它还能够消除交际对象的不良情绪，让双方有一个友好的沟通氛围，特别是在别人无心犯了错误时，你的一句幽默之语还能平息对方内心的愧疚，缓解尴尬的气氛。

一位车技不高的小伙子，骑车时见前边有个过马路的人，连声喊道："别动！别动！"那人站住了，但还是被他撞倒了。

小伙子扶起那不幸的人，连连道歉。那人只幽默地说："原来你刚才叫我别动是为了瞄准呀！"

由于有了幽默、宽容、洒脱的态度，一场口角得以避免，取而代之的是不约而同的笑声。

一个人来朋友家串门，不小心将朋友家的鸡轧死了。他赶紧下车，满脸愧疚地问这家的主人："这鸡是你家的吗？"

主人回答："别难过，虽然一切都很像，但我家的鸡没这么扁。"

宾主皆欢，客人不再窘迫，心里对主人也充满了感激之情，同时也更加佩服主人的反应与胸怀。

原谅别人无心的伤害，使对方摆脱窘境的确是一种让人敬佩的美德。生活中还有一种情况，就是别人不小心陷入窘境，此时，虽然与你并无关系，但是如果能适时地为人解围，也同样会受到别人的爱戴。

不难看出，幽默的人容易与人保持和睦的关系，总是很轻松地就能解决那些令人碰得头破血流却仍难以解决的问题。正如美国作家特鲁所讲：“幽默帮助你解决人际关系问题，让人与人之间充满欢笑。当你希望达到愉人悦己的目的时，千万别忽视这种神秘的力量。”

杰瑞的公司准备举办一场Party（宴会），活动即将开始时，负责备物的助理焦急地对其他同事说：“苹果不知道什么时候少了一袋，剩下的可能不太够用，这里又离市区那么远，怎么办？”

在大家都在责怪助理粗心时，杰瑞轻轻地拍拍他的肩说：“我来帮你想办法，告诉我，有没有哪一种东西需要多准备一点的？”助理说：“小点心吧。”

宴会开始了，大家都看到苹果盘前放了一个小牌子，上面写着：“上帝正在看着你，请别拿太多了！”大家看到这个小牌子感到有些奇怪，走到后头又看到放小点心的盘子前也立了一个牌子，上面写：“不要客气，要多少拿多少，上帝正忙着注意前面的苹果呢！”来宾们看到这时都呵呵笑弯了腰，结果这场Party宾主都尽兴无比。

杰瑞幽默的创意让那位粗心的助理巧妙地渡过了难关，两块小小的牌子也弄拙成巧，反而成了Party中的一景，这一招解围可谓高明。

总之，幽默的形式主要在于改变我们的情绪，改善周围的气氛，幽默总是给生活注入潇洒的兴奋剂。当别人陷入尴尬的窘境时，我们不妨向他伸出援助之手，发挥一下自己的聪明才智，幽上一小默，为他人找个“台阶”，相信这样的举动会让你变成一个受欢迎的人，对你的人生必定大有裨益。

冷场被开涮，幽默逗人喜笑颜开

如果你遭遇了下面的状况：在冷场时，不知道怎么活跃气氛；在一些突发事件中，不知道说什么合适的话来救场；和朋友聊着聊着就突然没有话题了；发表某些意见或建议，无法取得共鸣或者人们的关注；结识新朋友不知道该说些什么……在许多场合中，由于个人的性格腼腆，或者彼此之间不够了解，而无法拥有共同的话题，使交往中出现了“冷场”的情形。

这个时候，幽默就是最佳挡箭牌了。幽默会让冷场“这块冰”渐渐融化，让和煦的快乐走进人们的心中。

众所周知，交流中最尴尬的局面莫过于双方无话可说。无话可说有时候是因为一方对另一方的说话根本不感兴趣，有时候是因为我们说的意思和对方的理解有偏差，有时候是因为我们缺乏在某些特殊情景下的沟通技巧，有时也会因为你的说话触及了别人的“雷区”，而造成别人的不愉快，导致交谈无法继续下去。无论是哪一种情况，都有可能会让你产生焦虑。良好而幽默的沟通需要双方在适当的时候分别扮演发送信息者和接收信息者的角色，就像跳探戈时需要两个人完美的配合。

“一个巴掌拍不响”，交流中一旦出现冷场的局面，也需要两个人共同配合才能打破僵局。交流是两个人的事情，所以你不能指望等着对方为交流负起全部责任。因此，当出现冷场或者尴尬的时候，要沉着更要幽默，寻找双方感兴趣的共同话题，不能一味地等着对方来解决这种尴尬的场面。面对冷场，解决尴尬，幽默口才方能屡试不爽。

一次，雁翎与男朋友肖遥约会时，肖遥问她："你对爱情中的普遍撒网，重点逮鱼，怎么看？"没想到他话一出口，雁翎不但没搭理他，脸色霎时变得很难看。肖遥知道他误入情人的"雷区"，赶紧补充道："啊，请别介意，我是说，我有一个对爱情不忠的故事讲给你，说有一个对老婆不忠的男人，经常趁老婆不在家把情妇带回家，但又时常担心老婆会发觉。所以，有一天晚上，他突然从梦中惊醒，慌忙推着身边的老婆说：'快起来走吧，我老婆回来了。'等他的老婆也从梦中清醒，他一下子傻了眼。"

还没等肖遥话音落下，雁翎已被他的幽默故事给逗得喜笑颜开。

在这里肖遥运用故事的形式首先转移了他们谈话的方向，然后用幽默的感染力，淡化了他因说话不慎而给雁翎带来的不快情绪，从而自然巧妙地把可能出现的"冷场"得到缓解，赢得了心上人的开心一笑。

幽默是冷场的克星，是热情的释放，懂得在尴尬中用幽默救场的人是智慧的。拥有幽默天分的人永远不会让他人与自己承受冷场的无奈与尴尬，幽默让冷场被巧妙开涮，让彼此在喜笑颜开中突破尴尬，加深感情。

其中，冷场时的幽默开涮方法主要如下：

（1）可及时拿自己开涮，以幽默的方式摆脱冷场。必要时可以先“幽默自己一下”，即自嘲，开自己的玩笑。也可以发挥想象力，把两个不同事物或想法连贯起来，以产生意想不到的效果。

（2）自信自然。化解冷场局面时，表现得要自然，不着痕迹、轻松地转移话题，使人家不觉得你是刻意的，否则会加剧冷场和尴尬。

（3）平时多读书，多储存一些不同的知识。有了丰富的知识，就有了谈资，再加上幽默、风趣的语言，很容易使局面融洽起来。

（4）可以讲冷笑话，缓和一下气氛，再慢慢回到刚才的主题，但是不宜讲太多的冷笑话，否则场面将有可能更“冷”。

（5）如果交谈时被干扰而不便继续交谈，可以耐心等待，不必打破这种正常的沉默。

（6）当双方因为不是很了解而造成冷场时，就要学会察言观色，以话试探，寻找共同点，抓住共同话题。

巧用幽默来解围，保全他人的面子

俗话说：“人争一口气，树争一层皮。”此话道出了人性的一大特点：爱面子。可是我们不能只爱自己的面子，而不给他人面子。每个人都有一道最后的心理防线，一旦我们不给他人退路，不让他人下台阶，他只好使出最后的一招——自卫。因此，当我们遇事待人时，应谨记一条原则：别让人下不了台阶。之所以提倡幽默做事，原因正在于此。幽默做事可以在保全他人面子的同时，实现自己的办事目的。

一句或两句体谅的话，对他人态度宽容，这些都可以减少对别人的伤害，保住别人的面子。假如我们是对的，别人是错的，我们也会因为让别人丢脸而毁了他。传奇性的法国飞行先锋和作家安托安娜·德·圣苏荷依写过：“我没有权利去做或说任何事以贬低一个人的自尊。重要的并不是我觉得他怎么样，而是他觉得他自己如何，伤害他人的自尊是一种罪行。”幽默做事贯穿的原则就是豁达、大度，为别人留下一丝情面，也是在为自己增添一分尊重。

海涅经常收到许多朋友寄来的诗稿。有一次，他收到一份欠邮资的稿件。拆开一看，里面一首诗也没有，只有一捆稿纸，并附有一张小字条，上面写着：“亲爱的海涅，我健康而快活，衷心地致以问候，你的梅厄。”

海涅手里拿着邮件，猜不透这位朋友的用意。几天以后，梅厄也收到了一个欠邮资的沉重的邮包。他打开一看，竟是一块大石头，还有一张便笺，上面幽默地写道：“亲爱的梅厄，看了你的信，我心里的这块石头才落了地，我把它寄给你，以纪念我对你的爱。”

海涅以彼之道还施彼身，用对方的方式来启发对方，让对方认识到自己的行为不妥，不必用言语让对方难堪，反而因此保全了双方的面子。这正是幽默做事的内涵所在。

当一个人已经做出一定的许诺——宣布一种坚定的立场或观点后，由于自尊的缘故，他很难改变自己的立场或观点，此时你若想说服他，就必须顾全他的面子，为对方铺台面，说一些有利对方的话，也是在为自己铺路。

这是每个幽默说服者都懂得的——让他人保全自己的面子。

即使对方犯错，而我们是对的，如果没有为别人保留面子，就会在毁了他人的颜面的同时断送自己一个朋友。因此，你要说服他人就应该遵循这一原则：帮助别人认识并改正错误，幽默说话，保全他们的面子。

幽默道歉，谅解自来

几乎对所有人来说，道歉不是一件很轻松的事情，道歉会让大家感觉到难为情。如果做错了事情，就要请求他人的原谅。道歉也是一门很有学问的艺术。学会幽默，道歉也会变得容易，而没有我们想象中的那么难以启齿了。试着幽默地表达自己的歉意，这不仅不会让我们觉得没有“面子”，还可以很好地化解难题。

夫妻之间，发生争吵的事情犹如家常便饭，这不，老孙又跟妻子吵架了，他们相互赌气，一连好几天都互不理睬。老孙就想，自己作为男子汉大丈夫，和老婆计较显得太不大度，于是，他想了一个办法，和妻子轻松地和好如初了。

这天晚上，在睡觉之前，老孙在床头柜上放了一张字条，上面写着：“孩子他妈，明天，请在早上6点钟叫醒我，我有急事需要处理。落款：孩子他爸。”

第二天早上，老孙一觉醒来，却发现已经7点了，当时他就想，妻子没有叫醒我，难道她还没有原谅我的意思，正要生气，却看到床头柜上有张字条，上面写着：“孩子他爸，快醒醒，快醒醒，已经6点整了。落款：孩子他妈。”看到这个字条，老孙再也气不起来了，不禁笑出声来。拿着这张字条跑到妻子面前，没想到妻子也笑了。

直白地道歉可以产生立竿见影的效果，幽默含蓄的道歉方式同样可以赢得爱人的欣赏和认同。老孙和妻子之间这种无声的道歉方式实在是非常高明。以幽默的情景喜剧来代替干瘪乏味的语言，解决日常生活中的分歧，最后可谓是皆大欢喜，有一个快乐的结局。

马先生在外忙着做生意，所以经常会忘记太太的生日。马太太为此跟他有过好几次不愉快的事情，所以马先生便向马太太保证说以后一定记得她的生日了，会给她庆祝。但是，不巧的是，马太太今年的生日，他又忘记了。生日过后三天他才想起来。虽然如此，他还是给老婆买了一个精美的礼物，然后送到马太太的面前，说："亲爱的老婆大人，你的样子真是太年轻了，我都没能反应过来你又长了一岁。这也难怪我记不得你的生日。"本来马太太还一直对这件事情耿耿于怀，但是，看到老公为自己选了礼物，并且还说了一句这么会心的话。就没有了脾气，也忘记了丈夫犯的过失。

马先生在弥补自己过失、给太太道歉的同时，幽默地声称是因为自己没有察觉到老婆已经老了一岁，因为自己的老婆看起来依旧那么年轻，所以会忘记她生日的来临。马先生如此巧妙幽默地借机称赞马太太年轻貌美，这样的道歉，即使是再生气的太太也会无力拒绝。

如果你正为自己做错了事而苦心烦恼，想着要如何向对方道歉的话，那就尝试着施展一下自己的幽默魅力吧。因为，幽默是一种人生的态度，是一道精神的出口，是一杯生活的美酒。

如此说来，对掌握幽默本领的人来说，道歉并不是一件难事。懂得用幽默道歉，可以让自己的精神世界变得丰富多彩，进而连带自己在客观世界中的快乐，没有人会忍心拒绝诚挚与快乐的致歉方式。所谓世上无难事，只怕幽默人。

兵来将挡，机智幽默应对奚落

当别人挖苦你、讥讽你的时候，你可以用幽默语言作为“护身符”，筑起防卫的堤防。“兵来将挡，水来土掩”，你可视不同的来者选择不同的幽默应付办法。

若判明来者不善，怀有恶意，故意挑衅，你可以“以眼还眼，以牙还牙”，有理、有利和幽默地回敬对手。

20世纪30年代，有一次丘吉尔访问美国时，一位反对他的美国女议员咬牙切齿地对他说：“如果我是您的妻子，我会在您的咖啡里下毒药的。”丘吉尔微微一笑，平静地答道：“如果我是您的丈夫，我会喝下那杯咖啡的。”

面对美国女议员刁难、愤恨的无礼言辞，丘吉尔并没有怒不可遏，甚至是笑着回答女议员的问题，他的胸襟雅量无不令人们为之佩服。

因此，如果对方来势汹汹、盛气凌人，前来指责辱骂你，而你确信真理在手，则应保持藐视的目光、幽默的心量、冷峻的笑容，让他尽情地发泄个够，而不予理会。假如有人冲着你横眉竖眼，恶语中伤地骂道：“你这个人两面三刀，专门告我的黑状，想踩着别人的肩膀往上爬，没门！”如果你心中无愧，完全不必大发雷霆，倒不妨解嘲地反诘：“哦，是真的吗？我倒要洗耳恭听。”

然后诱使谩骂者说下去，直到对方找不到言辞了，你再“鸣金收兵”。在这种情况下，你以温文尔雅、彬彬有礼的方式笑迎攻击者，显然比暴跳如雷、大动肝火要好。

比如有人以半真半假的口吻问：“你得了一大笔奖金，该‘发财’了吧？”如你避实就虚地回答：“你也想吗？咱们一块来干。”语中带点阳刚锐气，别人再问，也不大好意思了。

比如你刚被提拔到某领导岗位，有人对此揶揄道：“这下子你可平步青云、扶摇直上了吧！”你听了不必拘谨，可一笑了之：“是这样吗？你算得这样准？”用这种不卑不亢的应酬方法，立即便能使对方语塞。相反，你过于计较，说出一大堆道理，倒显得太认真，反而适得其反。

如果有人用过于唐突的言辞使你受到伤害，或让你难堪，你应该含蓄以对，或装聋作哑、拐弯抹角、闪烁其词，或转移“视线”答非所问，谈一些完全与其问话“风马牛不相及”的事，用这种委婉曲折的幽默方法反驳对手，一定会取得奇特的功效。

当遇到棘手犯难的问题，若能以幽默诙谐的方式回答，往往能化险为夷，改变窘态。正所谓“山重水复疑无路，柳暗花明又一村”，让难堪的局面消失在谈笑之中。

其中，应对奚落的即兴幽默说话技巧主要有：

第一，弄清对方的意图，才能对症下药。有的人嘲笑别人，就是希望从被嘲笑的对象表现很窘迫、狼狈、恼怒等反应中获得快感。明白了这一点，对嘲笑或挖苦的反应就是根本不理，或者顺势就势，用对方的意图作为噱头来幽默对方一下，让对方败在自己的企图心中。

第二，有时候，你完全不理会嘲笑并不是最佳选择，如果嘲笑者是你的熟人或同事，你若总是不理别人，会给人太死板的印象。在这种情况下，一个很好的选择是：他们嘲笑你什么，你就主动承认什么，甚至还要更激进。这样，那些嘲笑你的人，其兴致一下子就没了。若你越害怕被嘲笑，越能激起他们进一步嘲笑你的欲望。

遭遇尴尬，故说痴话巧妙转移

为人处世中，顾全他人的情面是很重要的一项衡量标准。在日常的生活中，我们不可避免地会遇到很多碍于情面的场面，这个时候你是保持冷静还是委屈地掉眼泪呢？

我们在不同的场合都会遭遇尴尬。尴尬的表现形式不一样，应对方式当然也有差别。用幽默语言应对的一种很好的方式，就是佯装不知，故说“痴”话，好像这种尴尬从来没发生过一样。这样的幽默糊涂法，可以给自己带来好运，帮助自己实现心想事成的愿望。

在社交场合，许多人遭遇尴尬以后，即使假装不在意，其实心里面还是会有个疙瘩，因为对每个人来说，面子都是非常重要的。所以，有时候当别人遭遇尴尬，你的安慰可能只会让对方感觉更没有面子，这时，故作不知、幽默地说一句痴话，让当事人释怀才是最好的方法。

其中，应对尴尬的幽默处世之道主要包括：

（1）既来之，则安之。人在尴尬时只要稳定情绪，从容应对，会很快走出尴尬境地的。

（2）糊涂到底。在一些尴尬的场合，可以装作糊涂，对于一些尴尬的问题一笑而过，幽默地把话题引到别的主题上去，这样可以保全双方的面子。

（3）智对左右为难的问题。当别人给你难题让你难堪时，千万不要紧张，要尝试运用淡定的心态以及灵活的口才，以幽默的方式，灵活应对别人的奚落，不仅娱乐了别人，还可以幽默自己。

（4）可以巧借比喻，以自我解嘲的方式说几句取悦于人的话，既可以增加自己谈吐的风采，又可以活跃气氛。

第五章

职场幽默，幽默给点力，职场才能更得意

自我推销，幽默感不可缺少

幽默的人很受欢迎，幽默的求职者同样会让自己的气质脱颖而出，因此面试的时候，在作自我介绍这一关中，不妨加上一点幽默。但是，应该注意的是，求职自我介绍的幽默需要遵循一些技巧。

美国政治家查尔斯·爱迪生在竞选州长时，不想利用父亲（大发明家爱迪生）的声誉来抬高自己。

在作自我介绍时这样解释说："我不想让人认为我是在利用爱迪生的名望。我宁愿让你们知道，我只不过是我父亲早期实验的结果之一。"

在这段简短的介绍中，查尔斯·爱迪生霎时就迎来了一阵阵掌声。

人们欢迎的是查尔斯·爱迪生幽默的言辞以及风趣的比喻。幽默的自我介绍，能够提升自己在他人心目中的印象指数，能够展示自己的睿智与气度。

毕竟求职面试时，招聘者手中往往拥有许多求职履历表，这里面的应聘者个个实力雄厚，所以招聘者想知道你和别人相比有什么独到之处。在能力相同的情况下，那些求积者之所以能够成功，关键在于他们在作自我介绍时的出色表现。

当然，幽默的自我介绍并不是随心所欲进行的，一个良好的、恰到好处的自我介绍能给主考官留下深刻的印象，反之则会让你的面试一开始就一塌糊涂。自我介绍的幽默是有讲究的，在注入幽默的同时主要从以下几个方面来着手。

1. 直白的幽默，让“面试官”欣然接受坦诚

列宁作为在爱情追求之旅中的“求职者”，希望能顺利通过克鲁普斯卡亚的审核，列宁是个善于幽默的人，他摒弃了华丽的表达、肉麻的承诺，他只是很直接地对克鲁普斯卡亚说：“你就做我的妻子吧。”

克鲁普斯卡亚面对列宁如此直白的求爱，却更加幽默地回答：“你这么说，我也就没办法了，那就做你的妻子吧。”

简洁明了的求爱，换来直接的肯定，他们两人的淡定真是搞笑。正因为表白太简单、太直接，才会引来幽默的逗趣效果。

2. 由果及因，想不通关都难

冯玉祥将军当年在挑选妻子的时候是一个个进行面试的，在面试过程中很多女孩在面对他的问题“你是因为什么想要和我结婚”时，回答的都是一些千篇一律的答案，比如“因为你很成功，因为你是英雄，因为你有大男人的气概”等，可唯独一个女人回答的幽默且与众不同，她说：“上天眷顾你，怕你做错事，所以就派我来督促你。”这个女人就是他的妻子李德全。

冯玉祥之所以选择李德全，或许不是因为她拥有多好的相貌与身材，而是因为她的机灵智慧与幽默的生活态度。李德全则巧妙地通过结果，来分析自己对他来说会有多重要，她可以帮助他、可以督促他，让他的生活、事业顺利进行。想必作为男人，当听到女人如此通情达理与幽默的答案时，无不为之动心吧。

请出幽默，助面试一臂之力

大多数人初次面试时都表现得略显紧张，有不少有能力、有才华的人为此痛失机会。对于面试官来说，紧张慌乱的应聘者，意味着不能很好地胜任工作。此时，如果你善于幽默，就可以借此化解紧张气氛。

在求职过程中，求职者面对面试官的问题，可以采取幽默回答的灵活方式，这样不但能够活跃气氛，还能够让面试官看到自己的活力与热情，进而会更加容易获得面试官的好感。获得成功的道路可以说有千万条，而幽默是一条阳光大道，是潇洒走一回的必然选择。

一位面试官这样问一个应聘者："为什么你要选择教师这个职业？"

应聘者回答说："我从小就立志长大后要做伟人的妻子。但是现在才知道，我能做伟人妻子的机会实在渺茫，所以又改变主意，决定做伟人的老师。"

这位应聘者的回答博得在场人员的一片掌声，结果她被录取了。

这位应聘者的明智之处就在于打破了常规思维和表达模式，以真实感受胜人一筹；她用了"伟人"这个范畴来贯穿前后表达自己所立的志向。幽默的谈吐，既清楚表达出自己的中心意图，又语出惊人、新颖而不落俗套，因而这位求职者获得了成功。

在美国纽约，一个人到一家公司去求职。

经理说："对不起，应聘的名额已经满了，要到我们公司的人已经够多了，他们的名字我根本登记不完。"

这个求职者喜形于色，说："太好了！太好了！既然你都忙不过来了，就说明贵公司还需要人，你就安排我做登记员吧！"

如果这位应聘者不是久经沙场，对自己充满自信，也不会在面试中如此幽默、迅捷地利用招聘者的问题为自己争取机会。幽默是自信的表现，是善于处理人际关系的反映。可以说，哪里有幽默，哪里就有活跃的气氛；哪里有幽默，哪里就有笑声和成功的喜悦。为此，在面试的时候，不妨来点幽默，不仅能使自己放松，也使招聘者记住你，可能还会使你在面试中脱颖而出。

闹矛盾了——幽默泯恩仇

战国时期，齐国有个出身卑微的人叫淳于髡，他虽然身材矮小但口才很好，善于讲幽默笑话，使听者在笑声中受到启发。于是齐威王派他作为齐国的使臣，出使各国。由于他有一副雄辩的口才，因而每次都非常出色地完成了使命，深得齐威王的器重。

一次，楚国发兵进攻齐国，齐威王派遣淳于髡带着黄金百斤、驷车十乘为礼物，前往赵国求救兵。淳于髡接到命令后放声大笑，笑得前仰后合，浑身颤动。

齐威王问他道："先生是不是嫌我送给赵王的礼物太轻了？"

淳于髡回答说："我怎么敢呢？"

齐威王又问："那么，你为何这样大笑呢？"

淳于髡答道："不久前，我从东而来，看见路上有一个人正在向土地神祈祷。他拿着一只猪蹄，捧着一杯酒，嘴里念念有词，'高地上粮食满筐，低地上收获满车，五谷丰登，全家富足'。我看见他奉献给土地神的少，而向土地神索取的多，所以觉得好笑。"

齐威王听到此处明白了，淳于髡是在用隐语来谏劝自己增加礼物，于是决定把礼品增为黄金一千镒（每镒二十两）、白璧十对、驷车一百乘。淳于髡于是带着礼物前往赵国，说动了赵王，答应发兵救齐。

在职场中，我们常常会碰到各种各样的矛盾，有的甚至是十分棘手的难题，这就需要我们妥善解决它。我们可以用幽默的语言打开局面，给上司以智慧的启迪。所以，职场上离不开幽默的语言。

另外，需要注意的是，职场离不开的是恰当的幽默，而不是过分的幽默，当你说的话出现措辞不当的时候，即使很有幽默感，又能有谁会为你的幽默喝彩呢？

在一次盛大的宴会上，一位诗人和一位将军坐在了一起，但是他们对彼此都很有敌意，将军看不惯诗人，诗人也不习惯将军的架子，他们彼此很冷淡。当举办宴会的主人提到诗歌的时候，将军就会摆出一副不屑的表情。当宴会进行到一半的时候，宴会主持人提议让诗人当场为大家作一首诗。

幽默的诗人推辞说："哦，主持人，作诗没有什么好看的，还是让我们的将军来为大家表演发射一枚炮弹吧。"

将军听到这，一下子笑了，并与诗人举杯同饮。直到宴会结束的时候，他们还在聊天。

幽默，可以让互相仇视的两个人，相逢一笑泯恩仇。职场中并不总是一帆风顺，也并不总会遇到自己喜欢的人，当"看不惯"占了上风的时候，请学会运用幽默的智慧之剑将冷漠斩断。真正聪明的人，总会依靠幽默使职场更富有人情味，变得更顺利。

所以说幽默是一门艺术，是一门必须修炼的课程。职场中，幽默的遣词用字是优秀员工所必备的，拙于言辞职业生涯已经失败了一半。

在争吵面前，保持微笑的幽默说话才是一种可贵的涵养与品质。

工作压力太大，请服用“幽默降压药”

在工作中，难免会遇到一些难处理的问题，比如讨好斤斤计较的老板，对付难缠的客户，维持争论不休的会议，等等。面对这些棘手的问题，我们是杞人忧天不采取行动，还是用适当的方法加以解决呢？当然是要积极面对了，那我们以什么方法应对呢？那就幽默一些吧，这样不仅可以让我们的职场生涯更快乐、更轻松，还可以帮助我们完成一些难以完成的工作，从而让我们把工作做得更加得心应手。

小丽是一家跨国企业的部门秘书，她的部门经理是一个外国人。有一次，小丽给他送午餐，不小心打翻了餐盒，所有的东西都掉在了地毯上。经理见状，顿时激动起来，来了脾气，便冲着小丽喊道：“哦，上帝，赶紧清理干净，要不然蟑螂就要来袭击我的办公室了。”他就这样冲着小丽反复叫喊着。

这个时候，小丽也没有乱了阵脚，一边打扫一边抬起头，微笑着说：“经理，放心，这种事不会发生的，因为中国的蟑螂只爱吃中餐。”

听到小丽这样一说，他便停止了叫喊，脸色也顿时放晴，心情一下子顺畅了。

遇到让人难缠的上司，不想些幽默的点子也不好应付。像小丽抓住了上司的文化背景和职场习惯，看准时机幽默一下，结局总是快乐的。当然在幽默的时候也一定要看清对象，要因事而异，因人而异。解决麻烦问题，也是考验我们的应变能力，其实只要我们凭借聪明才智，化繁为简，迎难而上，什么事情都可以幽默轻松地搞定。

幽默是工作难题的克星，懂幽默的人懂得如何在工作中实现自己的目的。

汤姆是个个头不大而又害羞的孩子。他是办公室的勤杂工，累死累活，一星期也只能挣到6元。一天他终于鼓足勇气，去找老板要求加工钱。

老板说："你是个诚实的孩子，不是懒骨头，你想加多少？"

汤姆回答说："我想一星期加4元不算多吧？"

"哎呀，你这么点大也要10元一星期？"老板说。

汤姆回答说："我知道，就我的年龄来说，我的个头是太小了，但实话跟您说吧，自从我到这里来工作，就忙得没工夫长个子了。"

老板听后哈哈大笑起来，说："既然如此，我只能给你加营养了，就按你说的标准来吧！不过，可不能只长肉，不干活啊。"

汤姆是个懂幽默的员工，在笑声中讲出自己的苦衷与理由，既得到了老板的认可，还使自己的加薪请求得以实现。

巧用幽默，离晋升更近一步

公司是一个小型社会，作为员工在公司中除了做好事情之外，最重要的是要有幽默感。聪明的下属在上司面前不会做作，但会幽默。

在员工与上司之间的关系中，上司处于权力的主导地位，员工难免会遭受到上司的批评或者指责，让员工感觉到委屈与压抑。这个时候，面对承受的委屈，如果你一脸的愤怒与不服气，只会加重与上司之间的矛盾与纠葛。但是，如果你能够坦然接受委屈，运用幽默的谦和与乐观表现出对上司的理解和支持，那么上司也会对你另眼相看，尽管他在批评你的时候没有任何表情，但是他已经暗中肯定了你的态度。所以说无论上司会对你怎样，请学会用幽默的方法和技巧来应对。

一次，乾隆皇帝突然问刘墉：“京城共有多少人？”刘墉猝不及防，却非常冷静地回了一句：“只有两人。”乾隆问：“此话何意？”刘墉答曰:“人再多,其实只有男女两种,不是只有两人？”又问：“今年京城里有几人出生？有几人去世？”刘墉回答：“只有1人出生,却有12人去世。”乾隆问:“此话怎讲？”刘墉妙答曰:“今年出生的人再多，也都是一个属相，岂不是只出生1人？今年去世的人则12种属相皆有,岂不是死去12人？”乾隆听了大笑，深以为然。

刘墉是一位智者，是一个懂得幽默的人才，他在回答皇帝提出的问题的时候用一种“大智若愚”式的智慧，深得皇帝的喜欢与欣赏，也难怪刘墉很长时间以来一直是皇帝身边的红人。

身在职场的我们一定要做到心里明白，外表糊涂，大智若愚的幽默说话会让你深得上司的赏识，助力自己平步青云。从这一点上说，在职场上成功，才干加上勤勉固然很重要，但懂得在关键时刻说适当的话，也是成功与否的决定性因素。其中，员工对上司的幽默运用需要注意一定的技巧。

（1）应该善用幽默调整好自己的心态，没有谦逊的学习姿态，幽默只会变得做作甚至是卖弄。

（2）要学会运用自嘲，在上司面前嘲笑自己也是在凸显上司的英明，这会让上司欣慰于自己的领导力的同时，也会对你的幽默心态大加赞赏。

（3）若要与上司在情感上进一步拉近，暖色幽默是一个很得力的助手。与上司经常进行一些暖色幽默，几乎没有什么问题是解决不了的。所谓暖色幽默不同于一般的搞笑幽默，搞笑幽默是笑过之后就没有什么太大的影响与深刻的记忆了，而暖色幽默则会通过平和友善的姿态，妙趣横生的语言让人们在微笑中产生对你的敬服，从而印象深刻。

与上司开玩笑，学会掌握分寸

玩笑是幽默的一种搞笑形式，玩笑开得好不仅可以增进人际关系，还能使你整个人充满魅力。但如果玩笑有人身攻击的成分，就是黑色玩笑了。很多人喜欢和别人开玩笑，却从来不知道玩笑也是要有分寸的，其实，黑色玩笑体现着一个人性的弱点：面对一个人或一件事时，会不自觉地挑刺，这是一种思维习惯。

玩笑万一开得不好，对方听了心里就会不舒服，在上司面前尤其如此。事实上，没有几个人真正喜欢黑色玩笑的，这里包含了太多的不尊敬和戏弄成分。

高蝶上学的时候就非常聪明，老师说她的脑子活，言辞犀利，还有丰富的幽默细胞。无论上学还是工作，她都是大家的一颗“开心果”。尽管如此，她在一家公司已经工作3年了，仍然只是一名仓库管理员。到底是什么原因使她在工作上没有转变，她自己也说不好。

那天，高蝶向研究心理学的表哥提到了这个问题，表哥问她：“你平时有没有在言辞上对上司不敬啊？”

高蝶一愣，想她平时除了爱开玩笑，没有其他的毛病了，难道是她向上司开玩笑引起的？于是，高蝶想到了最近的几个玩笑。

那天，上司穿了身新衣服去上班，灰西装、灰衬衫、灰裤子、灰领带。同事都没有说话，只有高蝶高声地喊着：“哎呀，穿新衣服了？”上司听了咧嘴一笑，她接着捂着嘴笑：“哈哈，像只灰耗子！”

还有周五的时候，来了个客户找上司签字。当上司签完字以后，对方连连称赞上司的字好，说：“您的签名可真气派！”高蝶正好走进办公室，听到称赞声后，一阵坏笑：“能不气派吗？我们上司可暗地里练了3个月呢！”当时她注意到上司和客户的表情都很尴尬，不过她也没有多想。

现在仔细一想，好像问题就出在这里。高蝶工作很勤奋，每天加班加点，有时候工作中出现差错的时候，上司不仅不体谅，还不分青红皂白地说她偷懒，怎么解释都不行。当时觉得很委屈，现在看来，好像真正的原因很明了了！

开玩笑没有分寸的人多数是热衷于挑刺的人，这类人往往被视为“刻薄”，容易引起他人反感。同事或朋友、同学之间，也许一笑了之，但如果冒犯了上司的尊严，其后果是严重的。同样一个问题，也许你觉得没有什么，然而你的上司会觉得问题很严重。这就需要自己平时多加注意了！

与上司有分寸地开玩笑需要注意：

（1）要学会宽容，学会发掘别人的优点。只有你的眼睛里都是对方优点的时候，你的玩笑开起来才会动听一些。

（2）在和上司单独相处时，可以去赞美对方的衣饰细节的变化，这样能迅速拉近双方的距离。用这个方法，不仅能在紧急时刻迅速打破和上司之间的僵局，而且还能了解到不少上司的喜好。

（3）平时在汇报自己想法的时候，要选择好措辞。在开玩笑的时候一定要看场合，要清楚自己该不该说。比如，某些人如果不开黑色玩笑，而用另外一种方式向上司说话，如：“我个人认为 ×× 方案比较可行，但我做不了主，您经验丰富，帮我做个决定行吗？”上司听到这样的话，绝对会做个顺水人情，答应你的请求，这样岂不两全其美？

在工作中开玩笑应当适度，尤其是在对上司的玩笑中。上司毕竟是有头有脸的人，毕竟是需要尊重的人，切不可为了显示自己和上司关系好而对上司开玩笑，而不注意说话的分寸，那样只会引得上司的反感。

何况，过度的玩笑已经偏离了幽默的本质。幽默不意味着戏弄别人，过度的玩笑已然成为黑色幽默，殊不知黑色幽默用在领导身上的话，最终黑色幽默的不良影响会映射到自己身上来呢。

意见可以提，但怎么提就是一门技术

在职场中，下属作为团队中的一员，总免不了要与上司打交道，常常要向上司表达自己对某工作的一些看法，或是提出一些对工作或业务发展的建议。这个时候，要注意说话的技巧了，如果自己颇有微词，便会导致沟通不能顺利进行下去，更严重的话，还有可能使上司对自己产生一些偏见，使自己在单位中的处境变得不乐观起来。那么，要用什么样的方法呢？不妨试着培养一下自己的幽默风趣吧。

幽默能让你的回答更加婉转，让你的上司更加容易接受，既达到了提意见的目的，又融洽了气氛。下面这个故事中，一个员工迂回地表达了对公司伙食的不满，让他的上司一下子就明白了员工们的早餐状况，并采纳他的意见改善了他们的伙食标准。

某公司，一位总经理早上去慰问自己的员工，并顺便询问了员工们的早餐状况。大部分员工都慑于老总的权威，于是都含糊其词地回答说“还行”“可以”。只有一位员工很得意地说：“一个鸡蛋、一碗麦片粥、三块蛋糕、两个夹肉卷饼、一个苹果，总经理。”经理听完之后，半信半疑地问这位员工：“你们的标准差不多都要赶上国王的早餐了！”经理说完，这位员工毕恭毕敬地回答他：“很遗憾的是，这是我在外面餐馆享受的标准。”

这次慰问之后，总经理便马上开会讨论，责令改善员工们的伙食待遇。有的时候，一个小小的幽默就是这样的奇妙，轻易地让别人采纳了自己的想法和意见。

在工作中，有些上司总是对员工要求比较苛刻，对某一个问题，如果员工有不同的意见也不乐于采纳。而对一个称职的员工来说，坚持自己的看法和立场是重要的，做事遵循一定的原则，不能因为上司的吹毛求疵而轻易改变自己的看法，所以，要敢于指出上司工作中的不足。但这是需要勇气的，而能够比较幽默地表达出来的话，便能让上司在知道错在了哪里的同时还会有意识地改正自己的错误。

某公司的李经理有着很严重的官僚作风。公司最近新聘请了一个员工小王，对待小王，他便总是颐指气使地训话："你既然是我的下属，就一定要懂得服从，我让你往东，你就不能往西，让你做什么，你就得做什么，明白吗？""知道了，知道了！"小王诚惶诚恐地答道。

就这样过了几天，有一位贵宾来访。李经理便让小王给客人端茶倒水，递烟。事情做完后，小王便站在了旁边。这时，李经理要为客人点烟，却发现没有打火机，便气急败坏地吼道："笨蛋！烟、打火机、烟灰缸都是环环相扣的，没有打火机怎么点烟呢？你就不能学聪明一点吗？"小王连忙点头称是。

过了几天，李经理生病了，便吩咐小王去请医生。结果小王去了三四个小时才回来。于是李经理又开始骂开了："笨蛋！就这么点小事，需要那么长时间吗？”这时，小王故意大声喊道：“经理，您要知道，要花的时间还长着呢，现在医生、律师、棺材店老板、殡仪馆老板都在外面等着了呢！”

这个小王还真是风趣，简单的一句话便把傲慢刁难的李经理好好地讽刺了一番。

在职场中，每个人都渴望自己的工作成绩能够和收入成正比。但有的时候，加薪这样的美好愿望要怎样向上司提出来呢？是直截了当地提出加薪要求，还是委婉地表达自己的愿望，让对方明白自己的想法呢？当然，后者应该是更可取的。否则，不但自己加薪不成，反而会引起上司的反感，影响自己在公司的发展前途。

下属需要向上司提建议时，通过幽默的方法，把建议表述得含蓄委婉，从而可以使自己处在进可攻、退可守的位置，让自己立于不败之地。

幽默地秀出幕后功劳

你的身体蕴藏着巨大的能量，成功并不需要让自己彻底改头换面，你要做的只是恰如其分地将自己的优点与优势展示人前，将自己的潜能极大发挥。幽默口才可以帮助你在工作中做到这一点，既能够凸显出你的人格魅力，又能衬托出你的工作能力。

在文艺复兴时期，意大利雕刻家米开朗琪罗用了多年时间，完成了举世闻名的大理石雕刻，名为“大卫”，现在存放于佛罗伦萨美术学院。当朋友问米开朗琪罗雕出栩栩如生的大卫像的秘诀，他只是诙谐地说：“大卫本来就在这块大理石里面，我只是将不属于大卫的石块凿掉罢了！”

米开朗琪罗对于自己闻名于世的雕刻作品“大卫”，没有显示出骄傲，也没有完全赞美自己的功劳，反而对自己的朋友以幽默展示出了谦逊，谦逊没有降低他的成就，反而让他的智慧过人更加被世人赞扬。

我们怎样将米开朗琪罗这种幽默的技巧应用到工作中呢？面对自己的上司，应该怎样将自己的能力优势向他婉转地表达，既不会让上司发现自己是在故意卖弄，还可以让上司看到自己的成绩呢？

不要以为自己和其他员工一样是在上司的视野里努力工作

的，只要用功了，就能得到应有的奖赏。很多时候，并不是如此，有时候自己一直在拼命地工作，上司却也可能一点都看不到。这是一个信息化的时代了，光做事情是不够的，一定要懂得和上司沟通，让自己的成绩在上司面前幽默地表达出来。否则，纵使你累得半死，也很难获得加薪、升职的机会。

文先生自从毕业之后就在一家公关公司上班，工作一直非常认真，自我感觉也很聪明。但是，上司似乎总也看不到他的成绩，文先生不喜欢表功，上司让他们随便谈论自己成绩的时候，他总是很谦逊地说："其实，我也没有做什么成绩，我只是个帮扶的小角色，都是在大家的帮助和努力下完成的！"

后来，文先生意识到这样的回答不会让上司觉得这是在谦虚，他反而觉得文先生真的什么都没有做。于是，文先生就进行了调整。有一次，他只花了一个星期就将一笔业务成交了！于是，他开始趁热打铁，显示自己的功劳。

在一个偶然的机会下，他开玩笑地跟上司提起："我刚和一个朋友谈完，就成交了这笔生意！前后还不到几分钟的时间。更具体地说我的思想还停留在谈判的境地呢，结果就被谈判成功的结果给拽出来了。"

上司果真非常高兴，他建议文先生告诉公司的公关部门，好让公司同仁知道这笔进账。后来，他就被调到了公关部门做了主管。

所以，文先生不管自己做了多少事情，付出了多少努力，如果自己不提，不会有谁帮你去告诉上司。而上司也不会将自己的注意力集中在某个员工的业绩上，他们关心的是整个公司的运转。不留痕迹地幽默表功劳，正适合那些有点内敛的人。

如果你没勇气直接向上司表露功绩，就学习一下这种幽默的方式吧。这种方式不仅能让上司对你刮目相看，还能充分体现你的聪明和技巧。幕后英雄总是以默默无闻的姿态做着非凡的事情，但是这里说的幕后英雄却不是如此，而是指明明是自己的功劳，却被安在了别人身上。

作家黄明坚有一个形象的比喻："做完蛋糕要记得裱花。有很多做好的蛋糕，因为看起来不够漂亮，所以卖不出去。如果在上面涂满奶油，裱上美丽的花朵，人们自然就会喜欢来买。"

工作也是一样，除非你打算继续坐冷板凳，蹲在角落里顾影自怜，否则，每当做完自认为圆满的工作，都要记得向上司、同事做一次报告，别怕别人看见你的光亮；当有人来抢夺属于你的功劳时，也要坚决捍卫。

将自己秀出来是需要勇气和说话技巧的，秀出自己的功劳不妨用幽默的话语，幽默可以让大家在敬佩你的业绩能力的同时，更加喜欢你这个人的说话做事风格。

笑语“赢”人，多对下属来点幽默

在上司与下属之间，由于本身存在着管理与被管理的关系，所以他们之间会存在一种所谓的“人际落差”，即他们很容易在问题的认识上出现意见分歧，进而产生矛盾。这也是为什么很多上司与下属之间一直保持着紧张关系的原因。

但是，懂幽默的上司是不会让这种上司与下属之间关系的不协调性出现加剧的，因为他们善于运用幽默的沟通技巧与下属进行沟通，善于将上司与下属之间的认识差异减少到最小。在认识趋同于一致的时候，即使是上司对下属进行批评，幽默的语言也会让下属个人能够容易接受。换句话说，懂幽默的上司能更容易说服下属，使得下属的价值观与自己的趋同。

懂幽默的上司，能将自己的“意见”幽默地说成“建议”。面对比较着急完成的工作任务，一位聪明的部门主管曾这样幽默地要求一个着急与男朋友约会的女员工留下来加班。

主管：“我的头脑已经落伍了，顶多算是‘486’，而你们年轻人的头脑可是‘酷睿双核’呢，既然配置升级了，速度也该升级才是，所以要把那份报告材料尽快整理出来给我。”

女员工：“嗯，好的，我会尽快完成。”

另外，懂幽默的上司不仅能够轻易地说服下属按照自己的心意来做事，还能让故意刁难于自己的人对自己钦佩。

有个员工对公司董事长颇为反感，他在一次公司职员聚会上，突然问董事长："先生，你刚才那么得意，是不是因为当了公司的董事长？"

这位董事长立刻回答说："是的，我得意是因为我当了董事长。这样我就可以实现从前的梦想，亲一亲董事长夫人的芳容。"

董事长敏捷地接过对方取笑自己的话题，让它对准自己，于是他获得了一片笑声，连那位发难的人也忍不住笑了。

上司的幽默，是管理者化解尴尬的最好办法，既能够体现出管理者的大气与老练，更能博得他人的好感，给自己的管理加分。

幽默最具感染力，搞定同事更能搞定客户

在令人眼花缭乱的推销世界中，推销手段真是层出不穷、千姿百态。推销大师皮卡尔说："交易的成功，是推销天才的产物。"作为一个成功的推销员，他不仅要有丰富的知识、热忱的工作态度、良好的服务意识、非凡的勇气和韧性，还要有机智的幽默感，因为，没有什么比幽默更有利于和顾客建立起良好的关系了。

很多人都碰到过有人向自己推销东西的经历，可以回想一下，哪些推销员给你留下的印象最深。可能很多人会马上想起某个幽默风趣的推销员，因为他（她）曾带给了自己快乐，而快乐的记忆是最永久的。现代社会中，推销员似乎并不那么受人欢迎，所以想要拉近和推销对象之间的距离，幽默是最好的接合零件。有一家公司的总裁说："我专门雇用那些善于制造快乐气氛，并能自我解嘲的人。这样的人能把自己推销给大家，让人们接受他本人，同时也接受它的观点、方法或产品。"

美国有两家保险公司的业务员在推销本公司的保险业务时，争相夸耀自己公司的服务如何周到，付款如何迅速。A公司的业务员说，他的保险公司十有八九是在意外发生的当天就把支票送到投保人的手中。而B公司的业务员也不甘认输，于是便取笑说："那算什么！我们公司在一幢四十层大厦的第二十三层。有

一天，我们的一位投保人从顶楼摔下来，当他在坠落的途中经过第二十三层时，我们就已经把支票塞到了他的手里。”其结果是那位B公司的业务员赢得了更多的客户。

据说这是一个真实的笑话。那么说法明显荒诞搞笑的B公司的业务员为什么能够赢得更多的客户呢？作为陌生人，谁能尽快消除顾客心中对陌生人的本能戒备和抵触情绪，拉近彼此之间的距离，就意味着谁推销成功的概率更大。B公司的业务员正是运用了夸张的语言构成了幽默，才迅速接近了顾客，成功地推销了本公司的保险业务。

很多推销员都喜欢使用一招叫软磨硬泡，或者说是软硬兼施，以为死缠烂打就可以让顾客“屈服”。但事实上，由于太过急功近利，最终往往欲速则不达。其实，只要加进去一些幽默成分，这种软硬兼施的成功率就会有所提高。

另外，在推销的过程中，难免会出现意外，这个时候是最考验推销员的。灵活机智的推销员能够用幽默很好地化解意外和尴尬，不会让推销中途夭折。

推销员乔治口才甚好，而且反应敏捷，善于随机应变。一次，他正在推销他那些“折不断的”绘图T字尺：“看呀，这些绘图T字尺多么牢固，任凭你怎么用都不会损坏。”

为了证明他所说的话很正确，乔治捏着一把绘图T字尺的两端使它弯曲起来：突然“啪”的一声，推销员乔治只能目瞪口呆地望着他手中那两截塑料断尺，但只过了两秒钟，乔治又把它们高高地举了起来，对围观的人群大声说：“女士们，先生们，这就是绘图T字尺内部的样子。”

对于推销员来说，幽默不是万能的，但是没有幽默是万万不能的。运用幽默来开发客户，就是以幽默的技巧消除与顾客之间的紧张感，使整个交流过程轻松愉快，充满人情味，最终使产品推销成功。众多的推销事实证明，作为一名推销员，要想在激烈的市场竞争中来往穿梭、游刃有余，就必须掌握幽默推销的艺术。

幽默的谈判，任何“战争”都会和平解决

谈判在人们的印象中，似乎永远是严肃、庄重的，一些政治上、商业上的重要谈判尤其如此。其实，谈判固然有利益的争执，甚至有“你死我活”的唇枪舌剑，但并不意味着是谈判的气氛就必须得是严肃，甚至是死气沉沉的。相反，越是友好轻松的气氛，越能淡化对方的对立情绪。而幽默正能体现这样的润滑作用，它通常可以缓和紧张形势，制造友好、轻松的气氛，使谈判更融洽。

轻松愉快的气氛能缓解谈判中的紧张情绪，激发人们的想象力，增进人们的感情。在良好的氛围下，人们更容易被理解、被尊重，也更容易获得支持和关注。反之，沉闷抑郁的环境，很容易滋生猜忌和隔阂。在谈判中，不能营造良好的谈判气氛，就好像机器缺少“润滑剂”一样，给人很别扭的感觉，也就谈不上有效地减少双方的心理障碍，给双方沟通增加困难，甚至可能使谈判进展缓慢。

谈判有了轻松愉快的气氛，就有了成功的基础。当然，并不意味着谈判就可以一帆风顺了。在谈判的过程中，对方可能会对某个问题产生担忧或者疑虑，如果这个疑虑不能及时解除，那么就会变成谈判路上的“南墙”。所以，谈判中，当对方突然提出担心时，你应该给他吃一颗定心丸，用幽默的方式化解

对方的疑虑。

当然，要化解对方的疑虑，首先要了解对方的困难，以及造成对方疑虑的主要原因，这样才能有的放矢。然后才能针对对方的疑虑点用轻松幽默的语言进行充分的交流。这样双方的关系发展可能会相对较为稳定，歧见也较容易化解。

有一条船在航行中，突然狂风吹来，海浪滔天，船马上就要翻了。船长急忙命大副去通知乘客弃船逃命，结果大副去了半天，悻悻而回，说道："他们都不愿跳下去，对不起，我实在没有办法了。"

船长无奈，只好亲自到甲板上去，不一会儿，便微笑着回来了，他说："都跳下去了，我们也走吧！"

大副很惊异地看着他，问道："你是怎么劝说他们的呢？"

船长说："我首先对那个英国人说——作为绅士，应该做出表率——于是他跳下去了；接着，我又板着脸对那个德国人说——这是命令——于是他也跳下去了；我又对那个法国人说——那种样子是很浪漫而且潇洒的——他也跳下去了；我对伊拉克人说——这是将军的旨意——他马上起身，穿上救生衣就跳了下去。"大副一听，简直佩服得五体投地："太妙了，长官，那么你是怎么对美国人说的呢？"船长说："我说——您是被保了险的，先生。那家伙赶紧夹着皮包跳下水去了！"

船长针对不同的人，总结归纳出了他们各自的民族特点。在我们看来，这些说法都很幽默，可是在听者耳中，它代表了另一种属于民族和职责的内涵。由此，我们应该明白：当我们想在谈判桌上说服他人时，除了要使自己的语言信号准确无误地传达给对方，分析对方的性格，因人而异采用有针对性的语言进行说服外，最重要的还是先造成良好的形势，使对方在没有其他选择的情况下不得不接受我们的提议，彻底消除对方的疑虑，这样幽默的说服才会收到预期的效果。否则，就很可能因基本条件不充分而导致谈判失败。

有的时候，由于双方在某个问题上僵持不下，或者暂时不能达成统一意见，谈判陷入了僵局。但是为了达成共同的目的，谈判还得接着谈下去，这就需要拿出幽默的利剑出来，打破这个僵局，重开谈判的新局面。

很多时候，你的幽默解放了自己的心情，同样也解放了对方的心情。试想一下，既然双方坐下来谈判，那最起码表明双方都是有达成共识的意向的，谈判陷入僵局，其实是双方都不愿意看到的。因而，一方的幽默就如同给了对方一个大台阶，大家就都顺着台阶痛快地下去了，事情的情势也就在这一刻发生了扭转。

个性化幽默，带来职场的双赢

职场幽默可以说是一种生产力，因为幽默元素能够促进人们情绪的活跃，而生产力中最重要的因素就是人，因此，幽默的风趣直接导致了人力的积极与活跃，进而带动了生产力的不断提高。因此，职场需要幽默，每个职场人更需要幽默。

现实生活中，很多企业已经意识到幽默的重要性，某企业的人力资源培训讲师曾经在培训中明确指出了幽默的地位：

“公司培训有五大要求，即培训内容要充实，要能激励人心，要给人深刻的印象，要有说服力，再有就是风趣幽默的谈吐，其中幽默谈吐仅次于印象深刻，排名第二位。”

将幽默作为公司培训的考量，是因为幽默是一个员工情商的重要体现，情商决定了与人交往的能力，影响了给公司创造生产价值的能力。幽默风趣能使人在愉快与轻松的职场氛围中工作，工作效率自然会提高。

王先生与老婆逛家具城的时候，看到了一个比较精致的床，老婆喜欢得不得了，很想买下，可是等他们看了一下价格后，心里顿时凉了半截。床虽然不错，但价格也不便宜，居然是 7 万元的高价。老婆有些意外地对服务员说道：“这床怎么这么贵啊？”

服务员认真地解释道：“因为这是一张绝对以人为本的床啊，

其他款式的床都是让人来适应，无论是床的高矮度、软硬度，都是人们无法改变的。可是这款床却是一款可以适应人们不同需求的床，床上带有多个电动按钮，只要一按电钮，就可以调适床的高度，以便找到适合自己的位置，另外更重要的是这款床还可以根据人们不同的睡姿来变换角度，让你每一晚都能进入甜蜜的梦乡。所以，不是床的价钱贵，是看您舍不舍得为自己的身体健康埋单了，你觉得我说得对吗？”

听到服务员如此生动、幽默的讲解，妻子已经完全被打动了，王先生是个心疼老婆的人，看到老婆如此倾心于这款“以人为本”的床，也就没有计较太多，随后就买了下来。在付款的时候，王先生还对服务员说道：“你可真会说话啊。”

幽默，在增强说服力的同时，也增加了产品的销售量，也就提高了企业的生产力。

无论是在情场、生意场，还是在职场，没有人不喜欢幽默风趣，正是因为人们的喜爱，促使幽默成为一种生产力，或者让幽默成为促进生产力迅速提升的重要因素。

第六章

说服幽默，说好难说的话，轻松变身沟通达人

创造独特，让幽默推动销售

销售已经成为发展企业、促进经济的最重要的业务之一，然而谈到销售就不得不提及说服力。能够将自己的产品成功地销售出去，离不开推销的技巧和水平，确切地说是独特的说服力。当把幽默元素加入说服中的时候，谈成业务已经不再是难事。

在日趋激烈的销售战场上，一个销售员如果没有巧舌如簧的幽默口才，是很难拨动客户购买的心弦，从而在冷酷的商战中立于不败之地的。交易的成功往往取决于幽默口才。

著名的销售大师原一平说过："我之所以被人称为推销之神，可以归功于我的谈话技巧。我觉得谈话技巧非常重要。"他认为在约见客户的过程中，设法打开沉闷的局面，创造一个融洽和谐的气氛是十分重要的。只有在这样的气氛下生意才可能成交。而要达到这一点要求，推销员必须注意谈话的技巧，发挥自己幽默、亲切的特点。

下面是原一平曾以"切腹"逗客户笑，从而拉近两人关系的故事。

有一天，原一平拜访一位客户。

"你好，我是××保险公司的原一平。"

对方端详着名片，过了一会儿，才慢条斯理地抬头说："几天前曾来过某保险公司的业务员，他还没讲完，我就打发他走了。我是不会投保的，为了不浪费你的时间，我看你还是找其他人吧。”

“真谢谢你的关心，你听完后，如果不满意的话，我当场切腹。无论如何，请你抽出点时间给我吧！”原一平一脸正气地说，对方听了忍不住哈哈大笑起来，说：“你真的要切腹吗？”

“不错，就这样一刀刺下去……”

我边回答，边用手比画着。

“你等着瞧，我非要你切腹不可。”

“来啊，我也害怕切腹，看来我非要用心介绍不可了。”

讲到这里，原一平故意让表情突然由“正经”变为“鬼脸”，于是，准客户也忍不住和他一起大笑起来。

无论如何，总要想办法逗准客户笑，这样，也可提升自己的工作热情。当两个人同时开怀大笑时，陌生感消失了，成交的机会就会来临。

“你好，我是××保险公司的原一平。”

“哦，××保险公司，你们公司的业务员昨天才来过，我最讨厌保险，所以他昨天被我拒绝了。”

“是吗？不过，我总比昨天那位同事英俊潇洒吧？”

“什么，昨天那个业务员比你好看多了。”

“哈哈……”

善于创造拜访的幽默气氛，是优秀的推销员必备的。只有在一个平和欢愉的气氛中，准客户才会好好地听你推销保险。而这种气氛完全就靠推销员高超的谈话技术。

不过，在现实中有不少人认识上存在一个误区，在他们看来，幽默的语言表达能力就是讲话如长江之水，滔滔不绝，事实上并非如此。判断一名销售人员是否具有好的语言表达能力，要从他所谈论的话语是否具有说服力上来分析。销售的主要目的是说服，说服力的强弱是衡量销售员销售能力强弱的标准之一。有的销售员滔滔不绝，不但不能说服客户，还有可能引起客户的反感。而有的销售员看似木讷、呆板甚至说话结巴，却能一语中的，使客户买得开心。因此，真正的说服需要幽默技巧结合表达艺术来完成。

作为一名销售人员，想要客户心甘情愿地从腰包里掏钱购买你的产品，必须掌握说服的技巧和艺术。用出色的幽默口才将自己产品的独特卖点以及其他足以让客户欣赏的优越性展现给客户，让客户对你和你所销售的产品心服口服，这就需要专业销售人员不仅对自己产品的优越性、客户的心态等了如指掌，更要有外交家一般的幽默好口才。

为了拥有外交家般的幽默好口才，很多优秀的销售人员都会有以下几个方面特点。

1. 广闻博识

他们认为只有懂得多了，才有谈资，才不至于词穷。一个优秀的销售人员不但要对自己的产品了如指掌，还要在向客户介绍产品时“口若悬河”，还要了解除此之外的各方面知识，这样才能在谈判陷入僵局时可以通过转移话题缓解尴尬，以缓和紧张局面。

2. 自觉训练

只做到广闻博识还是达不到拥有一个幽默好口才的目的，常见到有些学富五车的人虽然懂得不少，却整个一个茶壶里煮饺子——肚里有货倒不出。一个杰出的销售人员还要经常有意识地多说话，说好听的话，说让人开心的话，说让人心悦诚服的话。只有经常通过自觉训练，才能在面对客户时，有好的临场发挥。

自觉训练时，可以每天看一些漫画书，听一些相声、小品，挖掘其中幽默的表达力与表现力。

3. 以理服人

虽然知识渊博又谈吐不俗，也要首先做到以理服人，而不是强词夺理。否则，人家虽然说不过你，也只会口服心不服，达不到营销的目的。要做到以理服人，首先要求你自己要明理，要在说服别人前做好充分的准备，搜集与此话题有关的各种幽默材料。

4. 以情感人

与客户说话时，在自己的动作表情中要竭力避免焦躁、着急的不良形象，要显得谦逊、积极、乐观，宜用幽默协商的语气，让客户感到你不仅仅是向他卖产品，更是为了让他的生活更丰富、更幸福，你可以向客户问些有关他生活的方方面面，问他对产品还有什么意见，有什么想要改进的要求。一个成功的销售人员要以自己对产品的情感来感染客户对产品产生喜爱之情，进而产生购买欲。

从销售人员对幽默口才的重视态度就可以知道幽默口才的优劣决定着推销业绩的好坏，幽默口才是推销行业的敲门砖、垫脚石。

幽默引导，让对方说“是”

说服他人无疑就是要让他人给予自己一个肯定的答复——“是”。说服别人的最终状态是让他人与自己相互背离的观念融合在了一起。然而无论是在商场、情场还是在战场，说服他人又何尝是一件易事。说服他人需要幽默口才，需要口才中的幽默智慧一步步地进行“诱导”。

诱导劝说术是幽默说服中最具笑点的幽默口才，它借助引诱于无形，让对方在不知不觉的情况下陷入语言的“陷阱”。也就是说，在说服过程中，可以先巧设陷阱，让对方在没有防备的情况下，诱其说“是”。对方在不知不觉中会一步步坠入圈套。这时候你就牵住了他的“牛鼻子”，对方不得不跟着你走。毫无疑问，在整个说服的过程中，你已经掌握了主动的优势地位。

在幽默说服术中，诱使对方说“是”的方法主要包括：

（1）开头切勿涉及有争议的观点，而应顺应对方的思路强调彼此有共同语言的话题，从对方的角度提出问题，诱使对方承认你的立场，让对方连连说“是”，与此同时，一定要避免对方说“不”。

一个人的思维是有惯性的，当你朝某一个方向思考问题时，你就会倾向于一直考虑下去，这就是为什么有些人一旦沉醉于某些消极的想法之后，就一直难以自拔的道理。

（2）促使对方说“是”的方法很多，但目的都是要以最简单的方式使对方不说“不”。当你与别人交谈的时候，不要先讨论你不同意的事，要先强调——而且不停地强调——你所同意的事。因为你们都在为同一结论而努力，所以你们的相异之处只在方法，而不是目的。

让对方在一开始就说“是”。假如可能的话，最好让你的对方没有机会说“不”。

（3）当你向别人发问，你可以连续不断地追问下去，而最后使对方不得不说“好”。是制造肯定气氛最高明的技巧，也是让对方点头的妙方。

譬如当你看到某种东西，你先连续问对方五六次：“它的颜色很漂亮吧？”“它的手工很精细吧？”“它的造型很完美吧？”让对方答出一连串的“是”之后，你再问他原先你想获得他肯定回答的问题，那他一定会说“是”。因为在此之前，他已被你“催眠”，很自然地，在回答你这个关键问题时，他也会说“是”。

（4）另一个使对方点头或说出肯定答案的妙方是，当你向对方发问而他还没有回答之前，自己也要先点头。你一边发问一边点头，可以诱导他更快地点头。因为你的行动和态度会诱导对方的行动和态度。所以只要善用此原理，就会更快地得到对方肯定的答案。

那么要如何才能诱导对方作出你所期待的行动和态度呢？关键在于你说话的语气和态度。诙谐的语气，加上幽默的态度，会让对方更加没有戒心地进入你的“圈套”之中。

旁敲侧击，说服可以不走直线

林肯曾经说过：“我虽然向别人讲过很多的故事，但是在我的经验中总结到，一般人对以幽默为介质的表达更容易受到影响。”那么，当说服与幽默被捆绑在一起的时候，说服便在不自觉间被加入了强大的影响力。旁敲侧击的说服便是幽默技巧在说服中的巧妙运用。

在日常的生活以及工作中，每个人的心理都很难把握。我们需要做的是通过缜密、周全的问题推测出对方的真正心思。通过交谈，感受出对方的心理，通过旁敲侧击来巧妙地实现对他人的说服。

说服是一种对口才的锻炼与考验，说服别人的迂回之术就是要将表达的意思绕个圈子说出来。旁敲侧击，一种圆融的幽默说服。

旁敲侧击的说服能够减轻被说服者内心的负担，避免了因直接受批评而颜面尽失的可能。有时候，我们明明看出了某人的错误，并不直说，而是拐弯抹角地旁敲侧击，这种方法更能让对方接受。他会明白，你是在给他留面子，而不是故意让他难堪。

总之，旁敲侧击的幽默说服，通过迂回的表达将说服力扩大到无懈可击，原来成功的说服不一定非要走直线。幽默的表达方式作为说服曲线上的拐点，一次次将说服推入了令他人无可辩驳的高点。正如法国著名的演讲者海因·雷曼麦说的，用幽默的方式说出很严肃的道理，比直截了当地提出更能够被人接受。

保持缄默，变相地幽默说服

幽默的智慧不一定只表现在有声世界中，有时候保持缄默也是一种更高境界的幽默智慧。缄默是指一个人总是闭着嘴巴不说话，而幽默则不只是代表着能说话，而且是能说一口漂亮、动听的话。不用疑惑，其实这并不矛盾。缄默不只是意味着沉默，缄默具备着强大的幽默说服潜力。

大家都认为既然是说服，当然就得凭借好口才。其实，偶尔采取沉默战术同样可以达到说服的效果。沉默可以引起对方注意，使对方产生迫切想了解你的念头。在特定的环境中，缄默常常比论理更有说服力。我们说服别人时，最头痛的是对方什么也不说。反过来，如果劝者什么也不说，对方的错误意见就找不到市场了。

缄默分为几种，每一种缄默都有自己独特的说服力。

（1）转移话题的缄默能使人乐而忘求。

对所要回答的问题保持缄默，而选准时机谈大家的热门话题并引人入胜，使对方无法插入自己的话题，且从谈话中悟出道理，检讨自己。

（2）义无反顾的缄默能使人就范。

某领导有一次交代下属办一件较困难的任务，当然，他能胜任。交代之后，对方讲起了“价钱”，于是该领导义无反顾地保持缄默，连哼也不哼。“困难如何大……”“条件如何差……”“时间如何紧……”说着说着他就不说了。最后说了一句：“好，我一定完成。”这就是沉默带来的威力，保持缄默将说服他人于无形。

沉默是金，有时沉默不语能够出奇制胜，如果滔滔不绝，反而有理说不清。有时候，在沉默的同时以另一种行动的方式来代替口头表达，说服的效果就很妙了。

美国第十三任总统约翰·卡尔文·柯立芝就以少言寡语出名，常被人们称作“沉默的卡尔”。

艾丽斯·罗斯福·朗沃思就曾说柯立芝“看上去像从盐水里捞出来的”。柯立芝却说：“我认为美国人民希望有一头严肃的驴做总统，我只是顺应了民心而已。”

缄默是一种力量，代表着一种变相的幽默说服，缄默足以使人们应付周遭棱角突兀的变化，在恰当的时候保持缄默，在合适的地方发挥缄默的幽默力量，说服他人已经变得不再是那么遥不可及了。

以谬制谬，顺言逆意的说辩

以谬制谬，幽默说服的有力武器，用对方的逻辑击败对方的道理，让对方即便拥有百口却也难辨其中之意。

在说辩中抓住对方命题中隐蔽的荒谬点，加以推衍，或由此及彼，或由小到大，或由隐到显，最后得出荒谬可笑的结论，从而证明对方的论点是错误的。这种顺言逆意的说辩谋略，在逻辑上属于引申归谬。虽带有某种讽刺意味，但多属善意的。

以谬制谬就是对问题换了一种思路进行考虑，看似荒谬的回答也有其逻辑可循。既然医生对自己的患者提出了荒谬的问题，那么患者看似荒谬的回答中，却蕴含了有力的说辩哲理，即以谬制谬，让他人无话可说。

运用归谬方式使说服对象认识到原来观点的错误，还可以采用这样一套方式，即先提出一些问题让对方谈自己的见解，即便对方说错了，也不要急于直接指出，而要不断地提出补充的问题，幽默地诱导对方由错误的前提推到显然荒谬的结论上，使之不得不承认其错误，然后再设法引导他随着你的正确的思维逻辑，一步一步通向你所主张的观点，达到劝导说服的目的。

鲁迅担任厦门大学教授时，校长常常克扣教学经费。这钱不能花，那钱没有预算，再一笔钱又可以不花。老是这样刁难师生，弄得大家意见很大。

这天，校长又决定把经费削减一半。他把各研究院的负责人和教授们召集起来。一说出削减方案,马上遭到教授们的反对。大家说：“研究经费本来就少得可怜，好多科研项目不能上马，正在进行的一些研究工作也步履维艰，不能多领域拓宽发展。再说，许多研究成果、论著因缺乏资金支持不能印刷，再削减经费怎么得了？不行，不行！”校长根本不认真倾听教授们的意见，他强词夺理，说:“对于经费问题，你们没有发言权。学校是私人投资办的，只有有钱人才可以发言，在这个问题上应充分重视有钱人的意见。”

校长话音刚落，鲁迅站起身，从长衫里摸出两个银币“啪”的一声放在桌上，说："我有钱！我有发言权！”接着，他力陈经费只能增加不能减少的道理。论据充分，思路严密，无懈可击，驳得校长哑口无言，只得收回主张。教授们胜利了。

鲁迅先生在这里幽默地将校长所说的“钱”（即财富，广义的钱）偷换成一分二分的零花钱的狭义的“钱”，从而以两个银币的“钱”为引子提出了自己的理由，使校长无话可说。巧以对方的谬论“有钱人才有发言权”，将自己的“小钱”掏出来取得发言权，既诙谐，又讽刺，又能把意见表达出来，鲁迅不愧为一代大文豪。

以谬制谬的幽默实际上是攻守易位，是将对方的观点为我方所用，再用对方的观点攻击对方，即攻和守的角色转换。如果在以谬制谬的说服过程中，又巧妙加入了幽默的“调料”，那就更加令说服力无懈可击了。

指桑骂槐，“骂”出幽默的威力

指桑骂槐幽默法（又叫“春秋笔法”），即明知对某人某事不满，但并不直接进行攻击，而是采用迂回的方式表露自己的想法。这是幽默说服他人的强硬战术，凡是懂点趣味的人一般能够在他人的指桑骂槐中听出弦外之音，从而选择溜之大吉。指桑骂槐的说话法，不只是一种智慧，还体现了一定的胆量与气魄。

有个人去朋友家里做客，住了很久还没有启程之意，主人实在感到讨厌，但又不好当面驱逐。

一次两人面对面坐着喝酒，主人讲了这么一个故事：“在偏僻的路上，常有老虎出来伤人。有个商人贩卖瓷器，忽然遇见一只猛虎，那猛虎张着血盆大口扑了过来。说时迟，那时快，商人慌忙拿起一个瓷瓶投了过去，老虎没有离开，他又拿出一个瓷瓶投了过去，老虎依然不动。瓷瓶快投完了，只留下一只，于是他手指老虎高声骂道：‘畜生畜生！你走也只有这一瓶，你不走也只有这一瓶！’”

客人一听，拔腿就走了。

指桑骂槐幽默法的另一个妙用在这里得到了体现——逐客令。主人明说虎暗指客，达到了逐客的目的。对于那些不自觉的客人，我们不妨使用这样的逐客法，还避免了正面交锋。

对于一些顽固不化的人来说，循规蹈矩地劝说，根本达不到效果，还不如以反话切入。

某企业待遇苛刻，下级职员苦不堪言。在经济紧缩、差事难谋的情况下，又不好“一怒之下，摔冠而出”，只好多次向老板进言，但均无功而返。

一天，某部门经理灵机一动，想了一个计策，决定在老板面前试一试。

他对老板说：“公司员工都表示待遇太低，生活太艰苦，别的花费暂且不说，每月上班的交通费，也不胜负荷，让他们如何解决呢？”

老板说：“让他们安步当车，一文不费，而且借此还锻炼了身体，不是一个好办法吗？”此君摇摇头表示不行：“走破了鞋袜，搞不好还没钱换新鞋呢？我倒有个建议，希望老板出一布告，提倡赤足运动，要求大家赤足上下班，问题不就解决了吗？谁让他们命运太差，偏偏生活在这个时代！谁让他们不去想发财的门路，偏偏来我们公司做这样辛苦的事！他们坐不起公车，也不能鞋袜整齐地到公司来，都是活该！”

部门经理一面说，一面笑，弄得老板也不好意思起来，只好答应调整一下待遇。

在这里，不得不佩服部门经理的智慧，以及在沟通中巧用的幽默。老板不能骂，那就“骂”下属，拿他们的委屈作为谈资，老板不会听不出下级对他的抱怨。使用这种方法跟上司交流时要注意辅以微笑，这样可以一面间接说出自己的意见，一面缓解双方的压力。

当一个上司要责备下属时，需要使用这种幽默说服的技巧。比如，虽然你明明是要责备乙的不是，但你并不正面指责，而以指桑骂槐的方式来责备甲，因为此时你若是责备乙，乙的心里一定感到难受，对日后的改进不见得就会有效，何况你们二人之间尚有一段距离。但是为何又要责备甲呢？因平时你与甲之间已不存有隔阂，即使甲也犯了同样过错而受到上司的指责，也不会感到十分在意。但是，因为当时乙也在场，他听后心里会在想“原来这样的过错我也犯过”，于是你的目的便可达到。

而此时的乙也绝不会认为：“反正这是别人的错，不关己事。”反而会因为“原来上司是在说我，但他并不责骂我，反而责骂他人来顾全我的脸面”而感激不尽。指桑骂槐的幽默指责方式，对下属们很能奏效。

但是，我们要特别注意，指桑骂槐幽默法不是一种常用的方法，只是在某些特殊的、偶然的场合，如果滥用此法去攻击朋友，这只能导致众叛亲离的恶劣后果。

金牌销售，幽默艺术做担保

幽默的人都很受欢迎，幽默让沟通变得更简单，幽默是推销的加速器，运用好幽默法则很重要。在推销的过程中，没有什么比幽默更有利于和顾客之间建立亲和的关系。幽默就像是机器中的一个接合零件，能将人们思想中的成见与偏见揭示出来。

金牌推销员贝特经常有奇思妙想，使用一些出其不意的方法赢得客户。

有一次，他用电脑制成了一张乐透彩券，把自己的照片放入号码栏内。然后用彩色打印机印出彩券，再把彩券贴到一张厚纸板上，最后覆以锡纸，制成刮刮乐的表面。上面写着：在直排、横排或对角线中，只要出现三张相同的照片，您就中奖了。

贝特可以想象，当对方收到彩券、刮出照片时是怎样的一副惊奇和好笑的表情。贝特把自己制好的彩券寄给了一位久攻不下的大客户。贝特已经连续拜访这位客户一个半月了，却一点效果都没有，打电话，秘书的防护坚硬如墙，将他拒之门外。没想到，贝特寄出彩券的第二天，客户就亲自打电话过来了，说：“你这个人真幽默，我倒想看看制作这张彩券的人到底是何方神圣！”

就这样，不等贝特请求，对方先说出了见面的时间，后来贝特当然是顺利地做成了一笔大生意。

“幽默是具有智慧、教养和道德上的优越感的表现。”在人们的交往中，幽默更是具有许多妙不可言的功能。幽默的谈吐在社交与推销场合是必不可少的，它能使那些严肃紧张的气氛顿时变得轻松活泼，它能让人感受到说话人的温厚和善意，使他的观点变得容易让人接受。

幽默能活跃交往的气氛。在推销方正襟而坐，言谈拘谨时，一句幽默的话往往能使来宾们开怀大笑，气氛顿时活跃起来。幽默的语言有时也能使局促、尴尬的推销场面变得轻松和缓，使人立即解除拘谨不安，同时，它还能调解矛盾。老舍先生曾经举过一个例子：一个小孩看到一个陌生人，长着一只很大的鼻子，马上叫出来“大鼻子”！假如这位先生没有幽默感，就会觉得不高兴，而孩子的父母也会感到难为情。结果陌生人幽默地说：“就叫我大鼻子叔叔吧！”这就使大家一笑了之。当然，幽默只是手段，并不是目的，不能强求幽默，否则反而弄巧成拙。

幽默还可以提高批评效果。美国作家卡尔·桑德贝格脾气很怪，有一次卡尔在匆忙中没打开一扇窗门，就扬起双臂乱喊乱叫起来，这时，他的妻子走了过来，一边抬头望着他，一边用手抚摸着丈夫的胸膛说：“多么令人提神的好嗓子啊！”卡尔立即不好意思地安静下来。在交往中如果有人蓄意攻击和侮辱你，幽默又可以是一种十分有效的说服与反击武器。

据说大文豪歌德一天在公园散步，碰到了曾恶意攻击过他的一位批评家。那位批评家傲慢地说：“我是从来不给傻瓜让路的。”

歌德立即回答说："我却完全相反！"说完，他就转到一边去了。

这种幽默的回答，充分表达了歌德的机警和敏捷。在错综复杂的推销过程中，需要因时因地恰当地运用幽默策略战胜对手。

如果你有意从事销售业务，或者正在从事着销售行业，那么口才的重要性已经不言而喻了，但是在大家都很注重口才的基础上，不妨给自己的口才增加一点特色，一种幽默的特色。幽默的口才往往是智慧的体现，是不断练习的结晶，是具有自己个性的语言展示。因此，不妨为口才插上幽默的翅膀，推动销售业绩的不断攀升。

间接说服，巧用语言的不同

下面一段话，是从罗宾汉教授所著最伟大、最受人欢迎的《心的形成》一书中摘录下来的，他根据心理学原理来指示我们为什么对他人直接的攻击方式不会发生说服效力：

“这是我们常常感觉到的，我们并不费什么情感，或是遭遇到什么阻力，就把原来的意见改变了。但是，如果有人明确指责我们的错误，我们立刻会对这指责发生反感，而且还使我们的主意更加坚决。我们的信念往往在不知不觉中发生，但是，如果有谁来打消我们那种信念时，我们就会十分坚决地以全力来保护它。

“如果你要表达一个与别人的意见相左的观点，特别是你要说服别人相信自己的观点并抛弃原有的意见，那么最好不要一上来就攻击说别人是错误的，而应该机智、幽默地表述自己的观点，然后把听众引到你的观点上来，从而使他们忘记原来的观点。”

因此，当直接说服显得没那么奏效时，巧用间接说服能增强说服他人的胜算。

有一次，一位经验丰富，久经人情世故的金牌推销员带着一位实习推销员外出销售收款机。虽然这位老推销员长得并不怎么样，但从他的身上你能时时感受到幽默的活力与乐观的朝气。所以，乍一看上去，是个精气神十足的中年男子。

老推销员领着实习推销员来到了一家商店，商店的规模不大，老板对他们的到来并不欢迎，甚至对他们冷言冷语道："你们赶紧走，我对收款机没有半点兴趣，再说了我现在不缺这东西。"实习推销员听到这，已经羞怯得恨不能找个地缝钻进去。可是老推销员却没有因为老板的这几句话而退却，反而哈哈大笑了起来，貌似他在听老板讲了一个笑话一样，老板被他的笑声弄得愣了一会儿，莫名其妙地看着老推销员接下来要做什么。

等笑过之后，老推销员调整了一下表情，满脸歉意地对他说道："老板，请原谅我刚才失态了，只是您的态度让我想起了另一家商店的老板，他也对我这个收款机没有兴趣，可是后来由于他的那台收款机出故障了，导致所有的钱都拿不出来，于是那位老板才十万火急买下了我这台收款机。呵呵，看来您家的收款机比较听您的使唤，不敢像他家的收款机一样擅自罢工，这样，我到这里来确实是没有意义的。"

实习推销员还在满脸窘相的时候，老板却笑了起来，并最终同意买下一台收款机作为备用。

这位老推销员用的就是间接说服的方式。他并没有对老板的拒绝打击感觉到气馁，也没有因为直接推销自己的产品质量有多好多耐用，而是通过反面的例子打动了老板。是的，如果自己的收款机也在突然间坏掉的话，岂不是会影响自己的工作效率。

间接地幽默说服法，巧用每一个语言表达的不同点，将其幽默转化成通俗易懂的反向描述，说服他人就会变得更加轻而易举起了。

恰当幽默，成功推销的宝典

日本推销大师齐藤竹之助说：“什么都可以少，唯独幽默不能少。”这是齐藤竹之助对推销员的特别要求。许多人觉得幽默好像没有什么大的作用，其实是他们不知道怎么才能够学会幽默。让我们先看看幽默有哪些好处。

那种不失时机、意味深长的幽默更是一种使人们身心放松的好方法，因为它能让人感觉舒服，有时候还能缓和紧张气氛、打破沉默和僵局。如果你在推销的时候表现出色，那么客户也是很愿意从你那儿购物的。

乔·吉拉德说：“我听到过很多人说他们对外出购车常常感到发怵，但是我的客户不会这样说。当我说与吉拉德做生意是一件很愉快的事情时，我相信这句话并不是毫无意义的。”

成功的推销员大多都是幽默的高手，因为他们知道幽默会减轻紧张情绪。幽默可以有助于摆正事情的位置。幽默还是消除矛盾的强有力手段。在尴尬的时候幽默一下，不仅缓解气氛，还能让人感到你智慧的魅力。

一个缺乏幽默感的人是比较乏味的。在你的推销中融进一些轻松幽默不失为一种恰当的策略，同时它也能使你的工作变得十分有趣。否则，你的客户难免会保持警惕，放松不下来。

一个推销员给一大群客户推销一种钢化玻璃酒杯，在他进行完商品说明之后，他就向客户作商品示范，他把一只钢化玻璃酒杯扔在地上来证明它不会破碎。可是他碰巧拿了一只质量不过关的杯子，猛地一扔，酒杯碎了。

这样的事情以前从未发生过，他感到很吃惊。而客户们也很吃惊，因为他们原本已相信推销员的话，没想到事实却让他们失望了。结果场面变得非常尴尬。

但是，在这紧要关头，推销员并没有流露出惊慌的情绪，反而对客户们笑了笑，然后幽默地说："你们看，像这样的杯子，我就不会卖给你们。"大家禁不住笑起来,气氛一下子变得轻松了。紧接着，这个推销员又接连扔了5只杯子都成功了，博得了客户们的信任，很快推销出了很多杯子。

在那个尴尬的时刻，如果推销员也不知所措，没了主意，让这种沉默继续下去，不到3秒钟就会有客户拂袖而去，交易肯定失败。但是这位推销员却灵机一动，用一句话化解了尴尬的局面，从而使推销继续进行，并取得了成功。

当你向一位上了年纪的客户做推销的时候，千万别开关节炎之类的玩笑。一旦你冒犯了他，你就永远失去了他的信任，一定要谨慎；当你推销矫正或修复仪器时，不要触及客户的痛处，当你推销人寿保险的时候，也要注意别开那种病态的玩笑，幽默要运用得巧妙，有分寸、有品位。在你打算轻松幽默一番之前，最好先敏感一点，分析分析你的产品和你的客户，一定要确信不会激怒对方，因为这种幽默对有些人来说根本不起作用，说不定还会适得其反。譬如，当你和一个严肃的人打交道的时候，你明知道他一本正经，喜欢直截了当，你却偏要去故作幽默。

一个真正幽默的推销员，不会将幽默当作是一种负担与挑战，而是将幽默奉为一种生活与工作的态度。将幽默成为一种习惯，当与人在交往中发生矛盾时，幽默的反问能在某些情形下产生神奇的效果。

生活与工作中处处有幽默存在，发现幽默，做一个幽默的人，你的生活处处都会有阳光，你的工作也将越来越顺利。

权威幽默，权威赋予说服力

权威效应，又称为权威暗示效应，是指一个人要是地位高，有威信，受人敬重，那他所说的话及所做的事就容易引起别人的重视，并让他们相信其正确性，使吹毛求疵或别有所求之人打消原有的念头。

在说服别人的时候，可以抬出权威来加强自己幽默说话的力度，这就是权威幽默说服法。

有的时候没有这种权威人士给你做宣传，那怎么办呢？用数字、用统计资料。一般人认为数字是不会骗人的，所以你说，这家工厂用了我们的机器后，产量增加 20%，那个工厂用了我们的计算机后，效率提高了 50%，把这些数字拿给客户看，客户很容易就接受了。有的时候，统计数字还太少，产品刚刚出现，还没有那么多客户的时候，还有一种方法，就是用前面的顾客买了他们的产品觉得满意写来的信函。这个时候，这种做法对新顾客，对一些小的公司也能起一定的影响作用，这也是权威的心理。

权威幽默还有另外一个内涵，即利用角色对换说服对方。如“让你换成我，你该怎么办”这种说服法利用了“角色扮演”使对方有互易立场的模拟感觉，借此模拟感觉而达到说服对方的目的。

只要怀着兴趣和关切对待工作，就成功了一半。作为销售者如果不懂幽默地接通权威的力量，将会让本有的权威资源白白浪费掉。

说服别人更重要的是口才，口才除了需要运用各种技巧外，要注重自己的语言能给他人带来舒适的美感与快乐的笑感。权威说服，能让说服变得更易被人接受，幽默的权威说服则更加让说服变得轻而易举。

幽默的说服力，不仅仅在于让说服在玩笑中进行，幽默的口才既可以用嘴来说，也可以用计谋来讲。一句趣味的语言可以让大家喜笑颜开，一种好玩而又理智的劝说行为，也会让大家在付之一笑的同时感受到说服的那股强大的气场。

第七章

玩转幽默，幸福生活不太难

亲近亲友，幽默戏谑不可少

如果说和陌生人之间的幽默能够拉近彼此之间的距离，能够消除彼此的隔阂的话，那么和亲近的亲友之间的幽默有着同样的功效。所不同的是，和陌生人之间的幽默要注意分寸，注意场合，注意避免禁忌，等等，当然这些在和亲近的亲友之间也适用，但是尺寸要灵活很多。比如，我们可以给亲近的亲友起外号，用外号来称呼他，显示的是彼此之间的亲密；我们也可以开亲友的玩笑，甚至揭他的短，但是并不会因此而翻脸，相反还会拉近彼此的距离……所以，朋友之间的戏谑必不可少，如果客气了，反而就显得疏远和生分了。

有一个人性格幽默且擅长恭维。一天，他请了几位朋友到家里聚会，准备施展一下自己的专长。他临门恭候，等朋友到来的时候挨个儿问道：

“你是怎么来的呀？”第一位朋友说：“我是坐的士来的。”

“啊，华贵之至！”

第二位朋友听了，打趣道：“我是坐飞机来的。”

“啊，高超之至！”

第三位朋友眼珠一转说：“我是坐火箭来的。”

“啊，勇敢之至！”

第四位朋友坦白地说：“我是骑自行车来的。”

“啊，朴素之至！”

第五位朋友羞怯地说：“我是徒步走来的。”

“太好了，走路可以锻炼身体，健康之至！”

第六位朋友故意出难题：“我是爬着来的。”

“哎呀，稳当之至！”

第七位朋友讥讽地说：“我是滚着来的。”

主人并不着急，慢腾腾地说：“啊，真是周到之至！”众人齐笑。

幽默的主人挨个点评朋友们到来的方式，其中不乏戏谑之词，但是由于大家关系比较亲近，不但说到的人没有生气，相反还很好地融洽了整个宴请的氛围，大家在笑声中显得更亲近了。

两个好朋友之间的玩笑和戏谑让人感动，这种幽默是建立在深厚的感情基础之上的，所以才会洒脱、坦荡，乃至肆无忌惮。

萧伯纳有个朋友名叫切斯特顿，是著名的小说家，两人关系非常要好，彼此常常肆无忌惮地开玩笑。切斯特顿既高大又壮实，而萧伯纳却长得很高，瘦削得似一根芦苇。他们两人站在一起对比特别鲜明。

有一次，萧伯纳想拿切斯特顿的肥胖开玩笑，便对他说：“要是我有你那么胖，我就会上吊。”

切斯特顿笑一笑说：“要是我想去上吊，准用你做上吊的绳子。”

本来想幽对方一默，却被对方反讽，萧伯纳没有生气，而是哈哈大笑。

这就是萧伯纳，幽默豁达，颇具亲和力。也正是这种幽默和亲和力，使他与当时众多的文人学士建立了深厚的友谊。

在社交场合，有这样一种规律，越是生疏的人，越是彬彬有礼；而越是关系亲密，越是可以开一些过头甚至荒谬的玩笑。你不妨也牛刀小试，和朋友开开玩笑，既能展现你们之间的亲密感情，同时又能增进彼此的关系。

幽默劝慰，在笑声中遗忘痛苦

生活中不如意之事十有八九，谁都难免遇到痛苦，无论是生病、事业的低谷、婚姻的不幸，等等，都会给一个人带来巨大的精神打击，有的人需要一个漫长的心理调节过程才能得以恢复，有的人则穷其一生都生活在痛苦之中，而有的人则在这样的打击面前失去了生活的勇气。作为朋友、亲人，我们有责任给他们以安慰和劝解，有责任帮助他们重新赢得快乐的生活。安慰的技巧是我们每个人都应该掌握的，幽默作为最有效的一种安慰方式更是我们每个人需要学习的。

1892 年，被维多利亚女王封为桂冠诗人的丁尼生逝世了，这顶称号也就空了下来。几位声望颇高的诗人作为候选人经常被提出来，但其中偏偏没有姿态十足、其实很蹩脚的诗人刘易斯·莫里斯爵士。

“对我故意表示沉默，这完全是一个阴谋。”莫里斯向作家奥斯卡·王尔德叫屈说：“奥斯卡，你说我该怎么办呢？”他问。

“也表示沉默。”王尔德给他出主意说。

朋友生病是我们常遇到的情况，生病中的人最需要安慰，但是，我们一般听到的大多是“怎么样，好点儿了吗”“看你的脸色好多了”“好好休息吧，你不久一定会康复的”或直接询问病人的详细病状和调治方法，都太俗套，对于缓解病人的心理压力起不到太大的作用，不能算是有效的安慰。那么，应该怎样给生病的朋友很好的安慰呢？

如果朋友的病情不是很重，情况比较稳定，没有大碍时，你可以说："你多么幸运啊，我也想生点小病，借机请假好好休息几天，能舒舒服服地在床上看看书，多么惬意呀。"

类似这种用幽默的语言安慰病人，从不幸中找幸运，往往能让生病的人心理放松，使安慰发挥良好的效果。

如果对象是一些久病或者病情比较严重的朋友，那这种劝法就不太合适了，因为此时病人更需要鼓励和信心。我们来看看以下这位朋友是如何安慰他的老友的。

有人去探望一年中因旧病频频复发而第五次住院的老朋友，看到老友憔悴的面容、呆滞的表情，他感到自己必须要鼓励朋友战胜病魔，重返健康。于是他以自己战胜病魔的经历，作了一段风趣的现身说法：

"这家'监狱'（医院）我可是非常熟悉，因为我曾经是这里的'老犯人'，被'关押'在这儿大概有6个月呢，对这里的各种'监规'我可是了如指掌。但是我'沉着应战'，毫不气馁。那时，我每每自己提着输液瓶上厕所，都被病友们笑称是'苏三起解'；有时三五天吃不下饭，就直接跟医生说我要'绝食抗议'；有时难受得我接连几天睡不着觉，我就干脆在床上'静坐示威'。我就这样'七拼八斗'地坚持了6个月，终于得到了'解放'。

你看现在‘刑满释放’的我多么神采奕奕！你可得向我学习，可不能被‘五进宫’吓怕了，坚持住，只要像我这样‘不断斗争’，很快就会大获全胜！”

这番激情四射的鼓励之词说得老朋友和同室病人都眉开眼笑了，大家的心情也都轻松起来了，病情也似乎轻了几分。

事实上，很多时候，面对生病的朋友，其实并不需要非得一本正经地去“安慰”，装作什么事情都没有发生地谈笑几句，效果更佳。

在一个冰天雪地、狂风大作的冬日里，有个人去探望他生病的朋友，路上滑倒多次才好不容易到了朋友那儿，冻得直发抖。

“到这儿来可怕极了。”他说道，“事实上，我每次向前迈一步，就滑回去两步。”

“那你究竟是怎么走到这里来的呢？”朋友追问道。

“我到不了这儿，生气地骂了声‘鬼天气’，就转身往回走了。”

听到这，生病的朋友被逗笑了，忘记了病痛，糟糕的心情也得以缓解。

面对朋友失恋、失业，可想而知他们的心情有多低落，此刻，他们也正需要你乘着幽默之“船”去“苦海”搭救他们呢。

同室的小王失恋后，整天茶不思、饭不想，在床上长吁短叹，大家都不知如何劝慰才好。

生性达观的阿杜对小王说：“快些停止叹息，下床吧！难道失恋的滋味那么好，值得你不吃不喝地躺在床上慢慢品味？”

对失业的朋友你不妨劝他往好的一方面想：

“别为这事郁闷了，多好的机会呀，你不是向往每天睡到自然醒吗？这次你终于如愿以偿了。明天先睡个大懒觉吧。对你来说，找到一个更好的工作太容易了。”

幽默的安慰总是能让朋友解除失意时的压力，把他们从个人的痛苦中拉出来，把坏心情赶走，使他们重新振作精神，脱离许多不愉快的窘境。

随着现代生活节奏的加快，人们的精神压力也越来越大。其实，生活中的那些小事我们不必太紧张，有时更需要轻松的心情和冷静的头脑，担心不如宽心，穷紧张还不如穷开心。对于那些“原本无事，庸人自扰”的朋友，你不妨也用此法来安慰他们。

刚刚7岁的小约翰十分调皮，洗澡时不小心吞下一小块肥皂，这下可惊动了全家人，妈妈赶忙慌慌张张地打电话向家庭医生求助：“医生，你能不能马上赶过来，我的孩子刚才不小心吃了一块肥皂，我猜想他一定会中毒吧。”医生听到后答应立即前往，5分钟就到。尽管如此，惊慌失措的妈妈还是不放心，担心地问医生：“在你来之前，我该做什么？”医生说：“如果你一定要做点什么的话，就给他喝一杯白开水吧，然后让他用力跳一跳，你就可以让小约翰用嘴巴吹泡泡消磨时间了。”

劝慰除安慰之外，还有一层意思是劝导。有的时候，我们会遇到朋友对某件事情缺乏认识或者做错了事，需要我们给予劝导，来帮助他清醒，让他迷途知返，让他得以冷静下来。这样不但给了对方很好的帮助，也会因此增加彼此之间的友情。

很多时候，就像直接的批评让人难以接受，心存不服一样，直接露骨的劝导也未必能让对方接受。相反，给这些劝导包上幽默的糖衣，就能让对方很好地接受。

有位贪吃的太太，每天各种食品不离口，当然导致消化不良。

她拖着肥胖的身体去求医，医生问明来由点了点头，她问："开点什么药最好？"

医生除了开点助消化的药外，对她说："我把塞万提斯的一剂名药也送给您吧。"胖太太很高兴："太好了，是什么开胃药？"

医生说："饥饿是最好的开胃药。"胖太太会意地笑了。

医生用幽默的方式间接地劝导胖太太，避免了涉及与"胖"有关的话题，取得很好的劝导效果。要想劝导成功，除手中有理之外，还要求方法要正确、巧妙，如巧用幽默、丝丝入扣、娓娓道来，则更能深入人心。

无论是事业的低谷、爱情的不幸、病痛的折磨，抑或是年龄的困惑、生意的失利等等，一切一切的不愉快，我们都可以劝慰朋友用幽默的心态来面对，那么乌云将会很快被阳光冲散，重新迎来灿烂的晴天。

喜欢对方，就幽默地开口吧

甜蜜而浪漫的爱情是每个人都向往的，但是想要得到对方的爱却并不是每个人都能够做到的。有人把爱情看作一次冒险，因为往往要经历很多的挑战和挫折，才能赢得对方的爱情，才能为自己和心爱的人经营一方幸福的空间。那么，如何才能巧妙而委婉地向心仪的人表达自己的感情？又如何才能让自己的爱情之路充满浪漫和温馨呢？答案是幽默的表白。这无疑需要智慧和能力的巧妙结合。

一个小伙和一个姑娘从小就在一起长大，可谓青梅竹马。等到情窦初开的年龄，小伙子一直想寻找机会对姑娘表达自己的爱慕之心。但是，心里总是忐忑不安，不知道害羞的姑娘会做何反应。一天，他终于灵机一动，想出了一个表明自己心意的方式。

他约自己心仪的姑娘出来，故作深沉地对她说："我心里一直有个秘密，你愿不愿意知道呢？"姑娘好奇地说："当然想知道了。"

小伙子说："我爱上了一个姑娘，她是我见过的最美丽的姑娘，我已经爱她很久很久了。"

姑娘一听，心里不免有些紧张，着急着追问道："是哪个姑娘？我认识吗？"

小伙子说："你肯定认识的。我一直把她的照片视为珍宝，你也来看看吧。"

说完，小伙子就从口袋里拿出一个做工考究的小盒子，说："她的笑容已经深深地扎根在我的心里。"

姑娘赶紧拿过来，急忙打开，却发现里面根本不是照片，而是一个小镜子。姑娘正在纳闷儿呢，发现自己的脸就在镜子里，回过头来再看看小伙子，顿时明白了，害羞地笑了。

这个故事中的主人公就是马克思和她的夫人燕妮。马克思巧妙而幽默的示爱方式不仅向燕妮表明了自己的心迹，而且给心爱的人带来了出其不意的惊喜和幸福，为自己的爱情旅途增添了莫大的幸福感，开启了一生相依相偎的幸福旅程。

幽默的表白让你更轻易地叩动异性的心窗。当然，世界上不存在固定的表白方式，适合自己的方式才是最好的。一些人豁达、直率，他们的表达方式就简洁明了；一些人内心谨慎，他们的表达方式就含蓄内敛；还有人对自己信心不足，因此不敢轻易向对方表白，担心遭到对方的拒绝。其实，如果在这种场合，能够用幽默的语言表明自己的心迹，不仅能够为你的感情增添很多浪漫，也能够避免有可能遭遇到的尴尬，何乐而不为呢？

一位知名的影星一直苦于难以表达自己对心上人的爱慕而感到苦闷。一天，他绞尽脑汁，终于想出了用巧妙和幽默来表达的方式。他约姑娘到公园里散步，周围不时有满头银发的老年夫妇相互扶持着走过，他指着他们问姑娘："你愿不愿和我一起成为他们呢？”姑娘看着那些恩爱的老年夫妇，会意地笑了，羞涩地点了点头。

巧妙而幽默的示爱方式对于那些性格内向的人来说，无疑是一支感情的试探棒，能够含蓄地向对方袒露自己的爱意，而且舒缓了自己紧张的情绪，同时也为自己的感情营造了浪漫而温馨的氛围。

这里所谓的幽默，并非一些低级趣味的笑话，也不是故作夸张的表演，而是运用一个人的智慧与情趣来恰如其分地表达自己的真情实感。当你用幽默的元素来经营自己的爱情生活时，你会发现两个人的感情世界充满了惊喜和浪漫，对方会被你的风趣和聪明才智深深地打动，最终被你俘获。而且幽默还能够化解万一遭到拒绝的尴尬，即使有可能令人难堪的境况也会很轻易地被改变。因此，学会用幽默来调整恋人间的感情生活，也是一门耐人寻味的学问。

幽默地表白，一语俘获对方的心

男人吸引女人的往往不是外表，最主要的是智慧。拥有智慧的男人可以增加求爱的成功率，因为幽默是一个男人拥有智慧的展现。

在近年的调查研究中，越来越多的女孩子已经把幽默作为择偶的条件之一。幽默，意味着我们和另一半拥有着同一个世界，并且能共同对付生活的纷扰。求爱中，适当讲一些幽默的话语，或用一些幽默的小笑话，能消除两个人之间的紧张、拘束，使双方实现自然、愉快地相处。

电影《人到中年》有一段描写恋爱的傅家杰和陆文婷的对话：

“你喜欢诗吗？”傅家杰问陆文婷。

“我？我不懂诗，也很少念诗。”

陆文婷略带嘲讽地说：“我们眼科是手术，一针一线都严格得很，不能有半点儿幻想的……”

“不，你的工作就是一首最美的诗，”傅家杰打断她的话，热切地说，“你使千千万万的人重见光明……”

开始时，傅家杰以“诗”为话题问姑娘，没想到产生了揭短之嫌。姑娘用嘲讽的口吻反击对方，眼看交际就要受阻；傅家杰立即抛开她不懂诗的问题，转而对她的工作进行赞美，沟通了两人的情感，获得了心爱姑娘的爱。语言的幽默能够获得女性的原谅，让你再次获取女性的芳心。

有一对青年男女在别人的介绍下互相认识了。只是在初次见面的时候，姑娘对小伙子很是不满，因为小伙子要比姑娘还矮半个头。于是姑娘就很不耐烦地对小伙子说道："难道看到自己老婆比自己高就不会脸红吗？"

小伙子没有生气，反而不温不火地回答说："长颈鹿倒是很高，可是那又有什么用呢？何况结婚过日子重在两颗心之间没有落差啊。"

小伙子轻松地一句幽默话，就把姑娘完全逗乐了。姑娘对他的身高变得不再那么计较，因为她看到了这位小伙子背后的东西——智慧。恰恰因为小伙子智慧性的幽默将两个人的交往继续了下去。

有智慧的男人总是会将自己的优点放大超过自己的缺点，将女孩的喜好心理甚是了解。

常言说得好："女人的心，天上的云。"确实，女人的心变化多，让人捉摸不透，使大多数男性追求者无从下手、坐失良机，或半途而废、功亏一篑。作为恋爱期间的男人，应多懂一点女人的心理，运用高超的技巧，抓住女人的芳心，巧用一句幽默话就可以摘到诱人的爱情之花。

爱有阴晴，幽默是和事佬

男女初次接触时，都是花前月下、卿卿我我，互相看到的都是对方的优点。然而爱也有清醒期，天长日久，恋爱双方的缺点就会暴露无遗，甚至出现争吵、冷战。这个时候，我们就应该学习运用幽默化解不愉快的情况。

小彤与大舟是大学同班同学。在一次大学生辩论会上，大舟敏锐的思维、犀利的语言、雄辩的话语俘获了小彤的芳心。大学毕业后，他们又被分配在同一座城市工作。

正当小彤怀着迫不及待的心情准备与大舟共筑爱巢时，小彤的同学却告诉她，最近，她经常看到大舟与一个很摩登靓丽的女孩子在一起。为此，小彤指责大舟对爱情不忠贞，见异思迁。大舟解释说，那是他表妹，她来到这个城市让我帮她找一份工作的。可小彤根本不信，还说大舟在欺骗她，并闹着要与他分手。深爱着小彤的大舟当然不愿失去心上人呀。于是，大舟找到小彤说："人们都说你是才貌双全的美女，你怎么不想一想呀，除你之外，我真想不出有第二个愿意与我恋爱的。你瞧，我老气横秋，长相有损市容，写尽了人生的沧桑和苦难；再瞧我这条件，一下子就容易让人们联想到是刚经过洪水洗礼的困难户、重灾户，我现在最向往的是如何尽快脱贫致富，以报小姐的知遇之恩，哪敢花心哟。"

一席话说得小彤转怒为喜，忍俊不禁。

大舟的这番爱情表白，可谓妙语连珠，谐趣横生。究其原因，其用词的“错误”起着极大作用。两个人发生争执时，男士最好采用这种贬损自己的幽默方法来达到取悦女士的目的，这样她的怨气会立刻消散。

何况女人对于男人用这些形容词来巧妙道歉，永远都不会觉得烦。就像男人听到：谢谢你，很有道理，好主意，感谢你的耐心这些句子，也永远不嫌烦一样。作为男人，在与自己心爱的女孩交往中，该道歉时就要及时道歉，开启尊口，智解危机。适当的时候要学会采用幽默的方式来解围。

雅倩非常喜欢跳舞，男友小张正好是个好静的人，正参加自学考试，常被她拉去“看”跳舞。雅倩有个很不好的习惯，不跳到舞厅关门不尽兴，久而久之，小张就受不了了。有一次，他们从舞厅出来已是夜里12点多了，小张说：“你的慢四跳得很棒，我还没看够。你一路跳回宿舍怎么样？”雅倩撒娇说：“你想累死我啊？”小张一副认真的样子：“不要紧，我用快三陪你跳。”雅倩扑哧一乐：“亏你想得出，丢下我一个人也不怕我碰上流氓。”小张这时言归正传：“那你在舞厅丢下我一个人也不怕我打瞌睡被人掏了包。”雅倩这时才知道男友压根儿没有兴趣跳舞，以后就有所收敛了。

当我们无意中让恋人生气了，不妨像小张一样运用幽默的战术，可以比较轻松地将对方生气的“战线”缩短，让他（她）怨气全消。毕竟很少有人不喜欢接受真诚、诙谐、轻松的道歉方式。

人有悲欢离合，月有阴晴圆缺。在爱情的世界中，并不是一切都是那么的和美、甜蜜，当两个人之间出现了小矛盾的时候，巧用幽默可以让你们和好如初不说，还能升华你们的爱情温度。

幽默双人舞，将爱情进行到底

在柴米油盐酱醋茶的平凡生活中，婚姻生活如果没有了幽默的乐趣，那是家庭中可怕的“冷暴力”，让人觉察不到家庭的温暖。

在许多幸福的家庭中，幽默是感情伤害的止痛剂，因为夫妻双方懂得让幽默成为一种调剂对方心理的有效工具。

一天，当妻子帕蒂听到丈夫乔尔的痛苦时，她脱口而出：“上帝，应该有人颁给你一项奥斯卡金像奖，‘最好的受难主角奖’。”

“为什么你不颁给我？”乔尔问她。

帕蒂很喜欢这个主意，她跑到一家纪念品商店，买了一个奥斯卡金像奖的复制品来。一次，当乔尔又闷闷不乐、唉声叹气的时候，她开心地对他一笑，鼓起掌来，并把“奥斯卡金像奖”颁给了他。“太棒了，”帕蒂对乔尔说，“我尤其喜欢末尾的一声短叹。”

这样的对话让气氛一下子变得非常荒诞，两个人都忽然大笑起来。从此以后，乔尔再也没像从前那么难受过。

俗话说得好，平平淡淡才是真，婚后的生活就像是一杯白开水，你放点盐它就咸，放点糖它就甜，放点幽默它就是温暖的。当看到你的另一半悲伤的时候，要适当地给他补充一下幽默的笑料，这将会是最好的心情安慰剂。

约翰先生下班回家，发现妻子正在收拾行李。“你在干什么？”

他问。“我再也待不下去了”，她喊道，“一年到头，老是争吵不休，我要离开这个家！”约翰困惑地站在那儿，望着他的妻子提着皮箱走出家门。忽然，他冲出房间，从架子上抓起一只皮箱，也冲向门外，对着正在远去的妻子喊道：“等一等，亲爱的，我也待不下去了，我和你一起走！”怒气冲天的妻子听到丈夫这句既可笑又充满对自己爱心和歉意的话，像泄气的皮球，很快气就消了。

当约翰的妻子抓起皮箱，冲出门外时，我们不难想象，约翰是多么难堪、焦急！但他既没有苦劝妻子留下，也没有做任何解释、开导，更没有抱怨和责怪，而是说：“等一等，亲爱的，我也待不下去了，我和你一起走！”

这哪像夫妻吵架，倒像一对恩爱夫妻携手出游。约翰这番话，以诙谐的方式熄灭了妻子的怒火，不但会让妻子感到好笑，而且还让妻子体会和理解丈夫是在含蓄地表达自己对她的爱心和歉意，以及两人不可分离的关系。听到这番话，妻子怎能不回心转意呢？

婚姻生活中的幽默，就好像是春雨洗礼后的青青荷叶，可心又让人心情舒畅。没有了幽默感的生活，就像是一朵美丽的鲜花失去了它原有的香气，虽然有花的形体在，却已经失去了花朵动人的神气。

谐趣甜言，爱你爱到入骨

夫妻相处的时候，有时甜言蜜语非常受用，尽管两个人已经很熟悉了，但是感情的经营需要甜言蜜语，于是不妨大胆些，在言语间多放点“蜜”。沐浴在爱河中的爱人不会经常用到客套的字眼。任何海誓山盟，“爱你爱到入骨”的话也可以说，不必怕肉麻，除非你并不爱他，除非你会对婚姻生活的冷淡视而不见。

甜言蜜语，不能够一味是大话、空话的幻想，要在符合实际的情况下说出来才足够分量。另外，甜言蜜语需要有情趣作为衬托，幽默情话才能让爱意无限、让婚姻保鲜。

情人节那天，丈夫和妻子商量：“送你什么礼物呢？你现在正在减肥，出去吃一顿不合适，送一大块巧克力更不合适！”妻子说：“那就送花！”他挠了挠头：“好吧，那就送你玫瑰，你要9朵？19朵？还是39朵？”

妻子想了想，决定给他出个难题：“咱都老夫老妻了，玫瑰就免了，你能不能有点儿创意，送一种能给我带来惊奇的花呢？”老公眼巴巴地望着妻子，若有所思……

那天晚上，妻子早早打扮了一下，在家里等着他。门开了，老公两眼含笑，双手捧着一个盒子站在那儿，那是——妻子喜欢吃的麻花！说：“老婆，你最爱的花，我已经买到了，我爱你！”

妻子看到自己最爱的麻花，听到老公说的贴心话，幸福的眼泪掉了下来，扑到了老公的怀里。

当爱情归于平淡之后，实在的浪漫往往才是最能让人感到幸福的东西。但是切不可因为爱情的平淡，就不把甜言蜜语放在心上，平淡的婚姻更需要用心经营。如果因为平淡就懒得再说好听的话语给自己的伴侣，那么你绝对是一个不称职的老公或者妻子。

在日常的生活中，不要感到羞怯，对自己的爱人说甜言蜜语是一种很光荣的事情，不要以为甜言蜜语说出来就是为了一时的气氛，仅仅是为了逗对方开心而已。事实上，甜言蜜语对整个爱情的加固都起着重大作用，它是爱情运转的润滑剂。

从心理上讲，男人与女人对甜言蜜语有不同的理解。对女性来讲，语言比行动更为重要。因为女性要求承认的欲望很强，恋爱中的女性更不用说了，就是在结婚后，女人也爱问："亲爱的，你爱我吗？"她时常要求确认"爱"，而对此感到退却的大多是丈夫。在男人看来，不管如何爱她，"我爱你"这三个字只要讲过，就不想说第二次了。男人总是这样认为，我是否爱你，可以在实际行动中表现出来。

所以，做丈夫的要把你的爱通过趣味十足的甜言蜜语幽默自然地表达出来，让她时刻体会到你深爱着她，并时时创造一种美妙的生活环境取悦于她，那样夫妻的感情会一天比一天深厚，妻子对丈夫的爱也会一天比一天深。

让婚姻保鲜的最好方法就是处处幽默

婚姻是两个人的事，无论双方对生活的看法如何不同，美好的婚姻还是需要夫妻双方用心经营，幽默则自然而然地成为经营婚姻的得力资本。

夫妻双方在结合之前都各自保有自己的习性和特点，然而婚姻却要让截然不同的两个人生活在同一个屋檐下，夫妻俩需要各司其职，互相理解和支持，彼此给予情趣的调节。毕竟婚姻生活已经渐渐在熟悉中失去了恋爱的甜蜜。

懂得幽默的人在回到家以后，能够轻松自如、自由自在地与家人相处。

妻子："在生活中，虽然说女人需要把男人当作依靠，但事实上男人更加离不开女人。"

丈夫："为什么是男人更加需要女人呢？"

妻子："道理很简单的嘛，如果没有女人，男人的衣服就没有人帮助钉纽扣了。"

丈夫："如果世界上真的没有了女人，还有哪个男人会去穿衣服呢？"

妻子一听，捶打着丈夫大笑不已。

夫妻之间并不能够因为熟悉就忽略了日常生活中的情趣与快

乐。尽管现实会让夫妻俩为一些生活琐事而吵闹，甚至会让他们中的许多人对婚姻失去信心。但是，请不要苛求平静的幸福，在很多时候，幽默的言谈会使我们增强对婚姻和家庭的信心。

丈夫："亲爱的，你既然这样爱我，为什么我第一次向你求婚的时候，你没有马上答应呢？"

妻子："因为我要看拒绝后，你的反应是怎样啊。"

丈夫："哦，可是如果当时我掉头就走了，那你怎么办？"

妻子："放心，你走不出去的，因为我早就把大门锁上了。"

经验表明，婚姻关系愈亲密，夫妻俩幽默的言谈似乎也就愈尖刻，因为关系密切的人之间，会包容对方而不计较。

有错改错，用幽默表达歉意

夫妻之间经常会出现犯错的一方，俗话说，人非圣贤孰能无过。既然圣贤也会犯错，更不要说是常人了。犯错是正常的事，关键是犯了错误要如何去承认、如何表达自己的歉意？如果直接说“对不起”，不免让人觉得诚意不够，同时还会放不下面子，显得尴尬。这个时候不如试着用幽默的方式去表达自己的歉意。

一次，妻子因为有急事，所以出门就忘了把火炉封好。当她办完事回到家中，已经是晚上八九点钟了。她刚进门，就看到儿子趴在沙发上睡着了，她叫醒儿子之后，才知道儿子还没有吃饭，由于自己的失误，炉火早就熄灭了，即使给儿子弄吃的也不可能。

这时，比她早回家的丈夫从卧室走出来，对她发火道：“你怎么搞的，火都给你看灭了。”妻子对他的这种震怒表示理解，说：“你别发火了，这个时候，再大的火，恐怕也不能点燃炉子啊。”丈夫听妻子这么一说，火气也没有那么大了，但还是愤愤不平地说：“你这个人啊，怎么能那么粗心呢？要是没有我，恐怕你只能到街头讨饭吃了。”妻子附和道：“正是因为如此，我才不愿意离开你啊。”妻子说罢，丈夫也笑了，两人又和好如初了。

故事中的妻子不得不说是个贤良聪慧的人，面对丈夫的责备，她并没有见缝插针地急于反驳，也没有强词夺理，而是用小幽默表达了自己的歉意，最后也得到了丈夫的谅解，矛盾最终在幽默中化解了。

家庭生活中，如果犯了错误，学会用幽默表达自己的歉意，这不仅可以调节家庭的气氛，还可给家人带来更多的欢声笑语，增进彼此的感情。幽默是家庭矛盾的“净化剂”，是家庭生活的“润滑剂”，是感情寒冷期的一件棉袄。

教育孩子，幽默比说教更有效

家庭教育的方式多种多样，但总体说来，不外乎疾言厉色、心平气和、风趣幽默三种。家庭教育的本质在教育二字，无论哪一种教育方式，都离不开生活理念的灌输，但是不同的灌输形式产生的效果大不相同。疾言厉色的教育可以威慑孩子，但它容易让孩子产生对抗心理，是一种不得要领的教育方式；心平气和式的教育能使孩子体会到自己与父母在人格上的平等。但由于语言平淡，不疼不痒，无法产生持久的效果。风趣幽默的教育触动的是孩子活泼的天性，因而更能在他们的心灵中留下不灭的印迹，使他们时刻以此警示自己。

当一家人正在吃饭的时候，儿子突然对爸爸妈妈发牢骚说："人家外国人要比我们中国人强得多了，你看，我们吃饭总是要用两根筷子，而外国人都是用金属刀叉来吃饭，单单从分量上来说，外国人用的餐具比我们中国的重多了。"

父亲听到儿子这样说感到非常生气，小小年纪就长他人的志气灭自己的威风。但是父亲忍住了，他故作幽默地对自己的儿子说："想要用分量重的餐具吃饭太简单了，来用这个吃吧，这个分量足够重了。"父亲边说边把一个夹炭用的火钳塞给了儿子。儿子顿时红起了小脸。

这位父亲对儿子的崇洋媚外思想没有进行直接的批评，而是通过幽默的曲意批评，让儿子领悟到了自己的错误。

在中国的传统家庭教育观念中，教育一般倾向于严肃与严厉。在父母的眼中，棍棒底下更容易出孝子。于是好多的父母与孩子之间并不会建立良好的沟通，殊不知，最好的家教应该是略带一些幽默。幽默是父母与孩子沟通的最有效方式。与孩子之间的沟通交流如果是在妙趣横生的前提下进行，那么孩子会更容易接受父母的意见。否则，硬要让孩子接受父母的观点，只会激发孩子的逆反心理，造成亲子之间的关系不和。

一个 5 岁的小男孩对武侠电视剧非常痴迷，甚至一个人在家整天搞一些打打杀杀的情形，他母亲对此非常担心。这天，小男孩在商店里看到了一支新式玩具步枪，于是缠着妈妈要买下来，妈妈不想纵容他，却又不能严厉批评，怕影响孩子的兴趣。于是妈妈心平气和地对孩子说："乖儿子，难道你忘记了现在是和平时代，已经不崇尚武力解决问题了，否则会让大家失望，也不会有人再喜欢你了。"

孩子若有所思，然后对妈妈说："那我要乖，我不买手枪了，我要让大家都喜欢我。"

面对孩子的需求，这位妈妈没有反对儿子的兴趣，也没有因为孩子的任性而发怒，而是通过幽默的教导，得到了儿子的认同与支持。

孩子具有纯真的心灵，作为长辈，不要用成人的思想和理念去束缚自己的孩子。在与孩子的沟通与相处中，多站在孩子的角度，多运用一些孩子喜欢的沟通方式，才会真正做到寓教于乐。那么再顽皮、再固执的孩子也会转变的。

幽默风趣的教育触动的是孩子活泼的天性，所以，更能在他们的心灵中留下不可磨灭的印迹，让他们时刻警示自己。幽默表面上只是一种教育手段，实际上它贯穿的是一种乐观精神，一种坚信明天会更好的执着。

缺乏幽默的家庭就像一张“白纸”

要营造两代人之间融洽和谐的关系，首先需要加强彼此之间情感的沟通和交流。有些父母想要在子女面前保持威严的形象，在生活中他们总是不苟言笑，更不用说向子女表达自己的爱了，事实上，父母应该常常利用诙谐的方式来表达对子女的爱。

苏联著名诗人米哈伊尔·斯维特洛夫是一个善于用幽默的方法来教育孩子的高手。

有一次，斯维特洛夫刚进家门，就发现家人慌作一团，斯维特洛夫的母亲正在打电话给医院请求急救。原来，斯维特洛夫的小儿子舒拉别出心裁地喝了半瓶墨水。斯维特洛夫明白，墨水是不至于使人中毒的，所以用不着慌张，而这会儿正是教育舒拉的大好时机。于是，他轻松地问：“你真的喝了墨水？”舒拉得意地坐在那里，伸出带墨水的舌头，做了个鬼脸。诗人并没有发火，他从屋里拿出一些吸墨纸来，对儿子说：“现在没有别的办法了，你只有把这些吸墨纸使劲地嚼碎吞下去了。”一场虚惊就这样被斯维特洛夫的一句幽默给冲淡了。舒拉原想以此成为家人的中心，但是未能如愿。此后，他再也没有犯过类似出风头的错误了。

长辈对晚辈除了运用平和的幽默方式，还能够运用一种“打是亲、骂是爱”的幽默方式，这里的“打是亲、骂是爱”并不是真打也不是真骂，而是在笑骂中向孩子传达出的自己的满足。

美国企业家艾科卡在里海大学读书时，他在800多个毕业生中的名次是第十一名，凭借优异的成绩，他在毕业后就被保送攻读了硕士，在硕士毕业后又成功地进入了福特公司。艾科卡的学业以及事业之路可谓一路绿灯。他的父亲尽管已经对他非常自豪了，但是每每在见到他时，还总是会打趣地说："瞧，当初念书总考不上第一名的小笨蛋，现在感觉如何啊？"

父亲幽默的一句"小笨蛋"，体现了父亲对他深深的父子情。父母对子女运用幽默的方式很多，运用幽默体现的感情色彩也很多。但无论是出于赞美还是出于批评，幽默的本质还是为了凸显对子女的爱。

应该说，懂得用幽默来管束孩子的父母才堪称成功的教育家，才能以这种幽默轻松的口气对孩子讲话，多创造一些其乐融融的气氛，使孩子从学校的那种刻板的生活中解放出来。当然，无论通过什么样的方式，长辈对晚辈的幽默都能表达出他们深切的爱。

大道理听着累，小幽默孩子更易懂

父母要让孩子敞开心扉和自己说话，首先就要懂得孩子内心的秘密。而孩子内心最大的秘密是情感，或情感的焦虑。因此，父母必须要掌握情感交流的秘方，多给予孩子思想的引导，用幽默的方式走进孩子的内心世界，增强彼此之间的信任和感情。

作为孩子，如果遭遇了问题或烦恼，首先求助的是父母。如果做父母的不善于与孩子进行幽默交流，从一开始就可能阻断了与孩子之间的融洽关系。

一个五六岁的孩子因为父母吵架，独自撑着一把雨伞蹲在墙角，父母哄来哄去，孩子就是不理不睬。两天过去了，孩子体力极度衰竭。最后，他们请来著名的心理治疗大师狄克森先生。狄克森也拿了一把雨伞在孩子的旁边蹲下了，他注视着孩子的双眼，向孩子投去关切的目光。终于，孩子从恍惚中震了一下，像沉睡中被闪电惊醒的人，狄克森继续与孩子对视。

孩子突然问："你是什么？"

狄克森反问："你是什么？"

孩子："蘑菇好，刮风下雨听不到。"

狄克森："是的，蘑菇好，蘑菇听不到爸爸、妈妈的吵闹声。"这时，孩子流泪了。狄克森："做蘑菇好是好，但是蹲久了又饿又累，我要吃巧克力。”他掏出块巧克力，送到孩子鼻子前让他闻了闻，然后放进自己嘴里大嚼起来。

孩子：“我也要吃巧克力。”狄克森给了孩子一块巧克力，孩子吃了一半。

狄克森：“吃了巧克力太渴，我要去喝水。”说着，他丢掉了雨伞，站了起来，孩子也跟着站了起来。

为什么会出现这种结果呢？原因就在于，孩子对于友情、亲情的渴望。他们很在意自己的感情需求。然而，成人的世故与冷漠，往往对孩子的这种情感需求很不在乎。这样，就会忽视孩子的感觉，对孩子细小的情感波动表现冷酷。这样一种对待孩子的情感的反应方式显然不利于父母与孩子之间的情感交流。

事实上，孩子们最需要的，就是父母对他的重视，哪怕是当时的实际情况一点也不严重，父母也不能掉以轻心。或许在故事中的父母看来，孩子不应该因为他们的吵架而如此伤心，但是他们的反应却不应该没有同情。当父母看到自己的孩子有这样的表现，应该高兴孩子已经懂事了，应该给予同情的说导，让孩子不要担心，这种反应使父母与孩子之间产生亲密的感觉。

幽默的父母与孩子之间的关系是属于“双连关系”，一旦“话不投机”，关系就会弄僵。而用幽默沟通的方法则是一种至趣、至情、至理、至智的高级手段，双方都能接受。尽可能多地用幽默的方式来代替僵化、直接、乏味的沟通，让爱接近孩子的心灵，呵护着他们渐渐地成长。

第八章

演讲幽默，让人捧腹的演说家，句句都能引『笑』入耳

什么样的开场白，才能赢在起跑线上

演讲是一个信息传播和反馈的过程。开头传播的不顺利，会极大影响到反馈的质量。而如果有一个精彩的开头，也就获得了先机，把传播和反馈的管道一下子打通了，其意义不言而喻。

文化大师启功先生在一次讲演中做自我介绍时这样说道："刚才你们老师给我封了许多头衔，我实在是不敢当。我们家的祖先原来生活在东北，是满族，古代叫作胡人。所以我今天所讲都是'胡说'，同学们不必太过认真。"这个轻松的开场幽默引得大家全部笑出声来，说者和听者的距离一下子就拉近了。

无独有偶。据说胡适先生在北大任教之时，也曾经在自我介绍时幽默自己一下，来增加"课堂情趣"。据说有一次给新生上课，他把孔子学说称作"孔说"，孟子学说称作"孟说"，他自己的学说称作"胡说"，同学们在笑声中感受到了这位大师的谦和。

第一印象给人的影响一向都非常大。一般我们对一个人的第一印象会形成心理定式，顽固地保持很长时间，所以在双方初次见面时的自我介绍十分重要。那么自我介绍应该采用什么方式呢？幽默自己一下是比较好的方式。如果能够巧而不俗地来点幽默，会立即拉近自己和听者之间的距离。

有一位年轻人最近当上了董事长。上任第一天，他召集公司职员开会。他自我介绍说："我是刘强，是你们的董事长，"然后打趣道，"我生来就是个领导人物，因为我是公司前董事长的儿子。"参加会议的人都笑了，他自己也笑了起来。

这位年轻的董事长用幽默的口吻和"反语"的修辞手法来证明他能以公正的态度看待自己的地位，并对此有着充满人情味的理解。实际上他是采取这种方式来委婉地表示：正因为如此，我更要跟你们一起好好地干，让你们改变对我的看法。我是靠自己的努力来登上董事长的位置的。

演讲开始的时候，在自我介绍时幽默自己一下是一种能很快拉近与别人距离的说话方式，但必须用得巧才行，不然弄巧成拙就会大煞风景。

懂得幽默的人才能成为演讲高手

大凡即兴演讲与说话，都有一个特定的主题范围，因为主题是演讲的灵魂。但主题的范围有大小，于是就有一个选题是否新颖、是否幽默的问题。只有脱颖而出的幽默主题才能让人在趣味中享受讲话的盛宴，让大家为之侧目。

在即兴说话中，如果说幽默是绿叶，那么主题就是红花，有绿叶陪衬，红花会更加醒目。即兴的说话中，幽默对于增进他人的好感有着无足轻重的意义，而有一个新颖的说话主题，可以让你的幽默口才锦上添花、如虎添翼。

因此，在参加即兴演讲的时候，应该充分发挥自己的想象力和创造力，用自己的与众不同来为演讲主题幽默的气氛增姿添彩。

幽默的主题演讲不一定是非常成功的演讲，但凡非常成功的演讲一定会是一次幽默十足的演讲，无论是从演讲的主题还是从演讲的内容、风格上来说，幽默让演讲脱颖而出，更让幽默的演讲人脱颖而出。

找准了幽默主题，才能够让幽默素材为自己的演讲服务。

郭沫若在1955年回到日本九州大学做演讲，由于郭沫若在这里留过学，他的演讲主题很明确，就是要描述自己在学校中的成长历程，以及表达对学校的感谢之情。在主题明确的前提下，他就能“随心所欲”地选择合适的幽默故事了。

郭沫若在演讲中幽默地说道：“在这里我要向我以前的老师表白，我作为一个医科大学生，事实上不是一个‘好学生’，福冈的景色太美了，千代松原也是非常美丽。由于天天接近这样好的自然美景，所以我在大学时代的时候没法用功，对于医学没有认真地研究下去，而跑到别的路上去了。”

郭沫若的即兴幽默带给了同学们一阵阵欢快的笑声。他对于在大学时代诙谐式的回忆，既表达了自己对学校的留恋，又展示了自己的幽默风采。

在演讲中，创新已经成为一种时尚的追求，没有创新就不会有突破，没有突破就不会有进步，在幽默的即兴说话中，给自己选准一个幽默的主题，既是对自己潜能的挖掘，也是给听众们创造出一份新鲜的说话风味。在演讲幽默中，请不要忘记主题只有一个，而幽默却可以有几个，而这几个趣味幽默故事的作用只是为了衬托主题的鲜明与趣味。

其中，幽默演讲要做到主题鲜明、统一，需要注意以下几点。

（1）要确立一个主题。幽默性的演讲与喜剧演员的独白戏不同，它们不是将不同主题的笑话串联在一起构成剧情的戏剧，而是会选择单一主题的幽默题材为演讲主题服务。

（2）要确立一个重点。幽默演讲需要有一个演讲重点，让听众能够轻而易举地把握住演讲的中心思想，而不是让大家在笑过之后却没有什么收获。

（3）要选定一个故事。幽默演讲要讲述一个经验或一个故事，无论这个故事是真实的还是纯属虚构的。

（4）幽默演讲主题也要适合听众的口味。主题的幽默素材要对听众所熟悉或认知的事情入手。

（5）最后，不要忘记给新选出的主题加一个极致的、机智的、漂亮的、能准确概括它的名字，这就是题目。题目的拟定务必要做到简洁、生动、新奇、意远，让听众“一听便知，终生难忘”。

总之，一次成功的演讲，离不开幽默的说话风格，以及独创的演说主题。

不合听众的胃口，再幽默也是白费功夫

亚伯拉罕·林肯在总统竞选中发表过这样的演讲："曾经有个人问我现在拥有多少金钱，我回答他说，我就是一个穷光蛋。但是同时我也很富有，因为我有妻子也有儿子，我还有一个租来的家，里面有一张桌子、几把椅子，还有一个柜子，更重要的是柜子里的书可以让我一辈子受益。不要看我瘦骨嶙峋，满脸胡子，但是庆幸我不会发福。更重要的是，作为总统我可以依靠你们大家，你们大家也是我最大的财富。"

林肯在公众面前成功地为自己树立起了一个平易近人且极其幽默的形象。他没有正面回答他人的问题，而是巧妙地通过自己的生活情景以及对自己幽默的自述，展示出了自己的清廉诚实。林肯的演讲让他赢得了更多民众的支持与敬仰。

演讲是在非常正式的场合对众人所作的一种带有说服性、鼓动性、表演性和抒情性的讲话，但是，不能因为它非常正式，演讲人就去给演讲扣上一顶严肃的帽子，枯燥无味、语气生硬的演讲没有人喜欢听。讲演需要通过幽默来抓住听众的心，使用各种方式制造幽默轻松的气氛，能让听众融入自己的演讲气场中来，懂幽默演讲的人更易被听众欢迎，因为他们更加懂得如何博得观众的兴趣与关注。

善于即兴表演的费尔德，有一次在表演中突然倒在地上。费尔德虽然没有预料到这样的突发状况，但是他马上幽默地解释："老鼠！"这时观众尽情地大笑，以后费尔德的即兴妙言，在同样这类戏的表演中经常出现。

因此，在演讲开始之前，设法和观众打成一片，善用幽默提高观众的热情。几句简单的谈话就能使观众进入自己的主题中。

用幽默风趣的语言紧紧抓住听众的注意力是许多优秀的演讲者常用的方法，在会心的笑声中让听众与他产生共鸣，从而很容易接受并牢牢记住他的观点。

用情感彰显感染力

说话富有感染力的人，自然会给周围的人增添快乐，也会给自己增添不少魅力，同时，他的话很容易被人听进去。幽默说话的感染力在演讲中的体现最为典型。一个幽默演讲者的感染力可以说是他演讲的生命力，如果一次毫无情感和美感的演讲摆在人们面前，我相信大家会无趣地走开。演讲者的情感越深厚，就越能吸引人、打动人，越能拨动每一个听众的心弦。

成功的演讲者总是很善于以独特的眼光和艺术的敏感度，去发现和选取生活中充满浓厚感情的演讲素材，也很善于以幽默的艺术智慧去构思和表现，这是独特性的双重内容。

英国作家、评论家切斯特顿身材高大，穿着讲究，可谓仪表堂堂，却天生一副柔和的嗓子。不过他并未被难倒，相反，有时候，他还能因此创造特殊的效果。有一次，在他去美国旅行前，举行了一次演讲。演讲开始前，主持人用华丽的辞藻，喋喋不休地将切斯特顿介绍给听众。切斯特顿觉察到主持人的介绍太多太乱，听众似乎有厌倦之色。于是等介绍完后，他站起身对听众说："在一场旋风过后，随之而来的是一阵平静而柔和的微风。"

尽管切斯特顿是著名的评论家，却不失为一位出色的演说家。他懂得用自己的情感来调动听众的积极性。切斯特顿幽默地将主持人华丽的介绍评论成了旋风，并借机将自己接下来的演说比作柔和的微风，既引起了人们的好奇心，又调动了听众的情感好奇。

幽默演讲的技巧之一就是要对听众的情绪有十分恰当的把握。然后再根据听众的情绪来调整自己的情感，最后用自己内心的情感去组织对听众有感染力的幽默语言，用自己幽默的情感激发听众的热情，进而碰撞出情感的共鸣。

曾两度竞选总统均败在艾森豪威尔手下的史蒂文森，从未失去幽默。在他第一次荣获提名竞选总统时，他承认的确受宠若惊，并打趣说："我想得意扬扬会伤害任何人，也就是说，只要不吸入这空气的话。"在他竞选总统而败给艾森豪威尔的那天早晨，他以充满幽默力量的口吻，在门口欢迎记者的到来："进来吧，来给烤面包验验尸。"

几年后的一天，史蒂文森应邀在一次餐会上演讲。他在路上因为阅兵行列的经过而耽搁，到达会场时已迟到了。他表示歉意，并一语双关地解释说："军队英雄老是挡我的路。"

史蒂文森在演讲中有着高明的"说笑"技巧，他擅用谈笑的口吻引起听者感情的喜悦，这大大提高了自己的人气和威信，赢得了朋友们一致的尊重和爱戴。

幽默演讲的艺术情感是演讲家创造性劳动的体现，它不是对生活感受的简单复述，而是进行巧妙地提炼和加工。只有这种独特的艺术情感，才可能是富有魅力的，才可能给人以强烈的艺术感染。演讲实践证明，一位幽默演讲者所传达的感情越是独特，对听众的影响就越大。独特的认识，宛如一道光，照亮听众的心灵；独特的情感，宛如地震，震撼听众的心灵；独特的演讲是激情的表达，是幽默演讲风格的表现。

穿插妙语，拨动听众的心弦

当众演讲是一个很普遍的方式。当你有一个当众演讲的机会时，一定要运用幽默的口语为自己的演讲增添魅力。按说，当众讲话主要是口语表达，语言的口语化本该不成问题。但由于当众讲话总要比一般的随意交谈或在非正式场合的说话更规范、文雅和生动，也由于许多人在准备稿子的时候常常要堆砌辞藻、雕章琢句或摘抄报章，本以为是让自己更有文采，殊不知这就容易使演讲的语言“文章化”。

“文章化”的演讲不仅会让文字艰涩、表达沉闷，有可能会让听众产生厌倦。

那么，怎样做到让演讲的语言实现幽默口语化并彰显出演讲的魅力呢？

第一，句式要简短而灵活，富有幽默感。我们先来看看一个外国人的一篇汉语作文：

我，叫施吉利，加拿大人，很喜欢汉语。我买了许多书，特别是汉语、方言、成语方面的辞典。我发现成语、谚语、俗语很好，准确、生动、幽默而又风趣。

有一天，天气很热，我到楼下散步，看见卖西瓜的，是个个体户。我说：“你的西瓜好不好？”他说：“震了！”我问：“什么叫震了？”他答：“震了就是没治了！”“什么叫没治了？”“没治了就是好极了！您看我的西瓜多好！”

这时，我用了两句俗语，说：“没有调查就没有发言权，你不是王婆卖瓜，自卖自夸？”“是骡子是马拉出来遛遛，我的瓜皮儿薄、籽儿小、瓤儿甜，咬一口，牙掉了。”“嚓”一声，他切开一个。

我一吃，皮儿厚，籽儿白，瓤儿是酸的。我又说了两句成语：“你要实事求是，不要弄虚作假。”他的脸“唰”的一下红到脖子根。我说：“没有关系，买卖不成仁义在。”他一听急眼了：“这个不算。”“嚓”又切开一个。我一看，皮儿倍儿薄，籽儿倍儿黑，瓤儿倍儿甜，我狼吞虎咽地吃起来。

他说：“好吃不好吃？”

我一伸大拇指：“盖了帽儿了！”

这位外国人学汉语也真学得“盖了帽儿了”，一是采用了生动的俗语，二是句式简短。这虽然是用笔写的作文，但语句大多是五六个字，最长的也只有十来个字，体现了口语的幽默生动特点。

第二，在用词风格上，多用通俗生动的“现成话”，而不用文白夹杂。口语的幽默需要修辞，多用俗谚俚语和选用职业术语、绝妙类比。也就是说，口语要多用浅易通俗、生动活泼的“现成话”。诗人艾青按理说是十分精通典雅语言的，但他在《诗论》中强调说：“最富于自然的语言是口语。”

幽默语言要通俗不单是为了简明易懂，更不是浅薄庸俗、单调乏味，而是为了既通俗易懂，又具体、生动、活泼、形象。老舍在他的作品中之所以尽量多用口头，不仅是为了让人明白易懂，还是为了令语言幽默生动。这正如秦牧在《艺海拾贝》中说的：

历代以来，开一代文风的杰作，起前代之衰的妙文，都在一定程度上一反因循守旧的书面语的习惯，勇于运用活生生的口头语言。古代的说书人，讲到故事中的人物心头不安时，不说忐忑不安，却说“心里有十五个吊桶打水，七上八下”；讲到羞耻时，不说满面羞赧，却说“恨不得有个地洞钻下去”；讲到赶快逃跑时，不说赶快逃跑，而说“只恨爹娘少生了两条腿”；讲到着急时不说着急，却说“急得像只热锅上的蚂蚁”。所有这些都博得听众的赞赏和喝彩，而且流传至今仍有强烈的形象性、新鲜感。

人们往往有一种习惯性的看法，认为口语简单粗浅，而书面语应当完善而文雅。实际上，现代实用语言在口头和书面两大方面并无多大差别，也不该有多大差别。有些人讲话、致辞或答问总要按照稿子念。如果你的口语不幽默，不善于脱稿讲话，那么写出来的稿子也往往是平板冗长、干巴乏味的，当然也就不具备口语的特点。不是口语化的东西却又用嘴说，这就是某些人的口语表达既不通俗又不幽默的主要原因。而另一种倾向是只求简单明白，不求细致幽默，这就流于粗俗和浅陋。正确的理解和做法是，书面语言要尽量多用通俗而幽默的口语，而在口语表达上要尽量吸收书面语中那些精炼而严谨的词语。只有这样，我们的语言才会既通俗易懂，又幽默活泼。

所以，要想让自己在公众场合的讲话收到良好的效果，一定要学会把握语言的风格，注意文采，使讲话通俗易懂，更重要的是要有幽默的讲话艺术来彰显强大的幽默感。

跟听众套近乎，要懂幽默的技术

成功的演讲并不是一个人在讲，而是在场的所有人都在讲。演讲的一个大忌就是一个人在那儿唾沫飞溅地讲，没有与听众的情感交流，没有让听众参与进去。幽默的演讲则属于一场愉快的互动演讲，而互动需要恰当的提问。

圣弗朗西斯科的喜剧教练约翰·坎图建议，通过唤起听众情感上的共鸣，让他们参与到演讲中来。“有一些特殊事件对人有很多特别意义——他们的中学时代，他们的第一辆车，他们的第一次约会，”他说，“设法将这些事件引入到你的演讲中去。这和让听众回想与他们约会的第十个人一样简单。任何听你讲话的听众都会不由自主地想到那个人，”约翰解释说，“他们会强烈地融入你的演讲中去。”

这里只有一件事需要注意——你必须澄清为什么你要让听众想这些情感上的东西。“它必须与你的讲话有关并且能够说明问题。”约翰说。幸运的是，这很容易做到。只要在你的演讲中找一些可以引起类似感觉的幽默情况，然后将它与你要让听众想象的东西联系起来就行了。想一下你第一次约会的窘况……

约翰·坎图还建议，幽默可以通过唤起听众所有感官的记忆，让他们参与进来。他特意描述了一个运用所有感官的情况。“你还记得高中时吗？所有人都在大厅里走来走去，所有人都围着你讲笑话，那个地方闻起来像公共厕所，”他提醒说，“但是这可以帮助保持听众的参与。”

演讲在适当的情境下进行幽默提问可以缩短与听众的距离，满足听众的好奇心，创造宽松的气氛，利于演讲者保持主动。

美国前总统里根用精心安排的幽默语言点缀他的演讲，以赢得特定观众的尊重。对农民发表演说时，里根说了这么一件轶事讨好他的听众：

一位农民要了一块河水业已干枯的小河谷。这片荒地覆盖着石块，杂草丛生，到处坑坑洼洼。他每天去那里辛勤耕耘，经过不断劳作，最后荒地变成了花园，为此他深感骄傲和幸福。

某个星期日的早晨，他去邀请部长先生，问他是否乐意看看他的花园。那位部长来了，视察一番。部长看到瓜果累累，就说：“呀！上帝肯定为这片土地祝福过。”他看到玉米丰收，又说：“哎呀！上帝确实为这些玉米祝福过。”接着又说：“天哪！上帝和你在这片土地上竟取得了这么大的成绩呀。”有位农民禁不住说：“尊敬的先生，我真希望你能看到过上帝独自管理这片土地时，这里是什么模样。”

里根巧妙地根据听众对象准备自己的幽默素材，从而赢得了听众的关心与兴趣，实现了演讲者与听众的幽默互动，增加了会场的热烈气氛。

在演讲中，除根据对象选取素材来引起互动之外，还要时常向听众提问一些轻松、愉快、搞笑的问题。

那么，幽默的提问应该问些什么呢？许多演讲者喜欢问一些可以让他们更好地应付听众的问题。你们中有多少人是从郊区来的？你们中有多少人希望演讲者不再问这些无聊的问题？尽管这种“调查”技巧十分老套，但它却行之有效。

但是，幽默提问是最易使演讲掀起高潮与最易走向低谷的手段，要把握分寸，要问得简洁有笑点。提问次数不能太多，问题的答案要能让听众在很短的时间内答出来，甚至在潜意识的驱使下就能作答。幽默提问中很忌讳提问内容晦涩难懂，用词佶屈聱牙。

让演讲在笑声中画上“休止符”

演讲要获得全面成功，一定要精心设计好精彩的结尾。也就是俗话所说的：“编筐编篓，全在收口。”如果说好的演讲开头犹如“凤头”，那么好的演讲结尾就像“豹尾”。豹尾者，色彩斑斓而又强劲有力。结尾是对整个演讲的总结，它承担着收拢全篇的任务，因此，其意义非常重要。演讲的结尾既有幽默文采又坚定有力，既概括全篇又耐人寻味，才能使全篇演讲得以升华，收到良好的效果，才能够让听众们在笑声中，对你的演讲感觉到意犹未尽。

因此，精彩的演讲，需要有一个明亮清晰的开头，也需要有一个幽默、意外的结果。

在一次演讲中，老舍先生开头说：“我今大给大家谈六个问题。”接着第一、第二、第三、第四、第五，井井有条地谈着。这时他发现离散会的时间不多了，于是他提高嗓门：“第六，散会。”听众先是一愣，接着就欢快地鼓起了掌，大家都十分敬佩老舍先生的幽默。

老舍先生知道已到散会的时间，没有再按事先准备的去讲，而是选择时机戛然而止，既幽默又利索。

结束语是演讲的重要组成部分，幽默的结束语能使演讲收到意想不到的效果。通常情况下，结尾不应冗长拖沓，更不能画蛇添足，而要在达到高潮时戛然而止，给听众以余音绕梁、回味无穷的感觉。结尾时要尽可能达到与听众感情上的交融，引起听众的共鸣。在把握好分寸的前提下，满腔热情地提出希望、要求和建议。

鲁迅先生在结束《在上海中华艺术大学的演讲》时这样讲道："以上是我近年来对于美术界观察所得的几点意见。今天我带来一幅中国五千年文化的结晶，请大家欣赏欣赏。"话刚说完，他就把手伸进了长袍，在大家好奇的关注中，发现他慢慢地从衣襟上方拿出了一卷纸。就在大家仍然摸不着头脑的时候，鲁迅先生把那卷纸缓慢打开，呈现在大家面前的居然是一幅破旧的月份牌，原来这就是鲁迅口中的文化结晶，霎时间全场爆笑。

鲁迅先生在恰到好处的动作表演以及幽默的悬念设置下，让演讲在大家的爆笑中拉下了帷幕。相信即使大家会忘记鲁迅演讲的内容，也不会忘记鲁迅演讲时的幽默。这就是幽默结尾带给演讲人的回馈。

美国《星期六晚报》的主编说过："我把文章刊登在最受欢迎的地方，就结束了，而在演说上，当听众达到最愉快的顶点，你就应该设法早些结束了。"

其中，讲演精彩而幽默结尾的要求大致可以归纳成以下两点：

（1）加深印象，结束全篇

当演讲基本完成，听众对你的观点、态度以及讲述的有关知识基本上已经掌握时，就应该考虑“收口”了。幽默“收口”将从视觉上、听觉上给听众留下最后印象，将在听众的大脑屏幕上“定格”。幽默“收口”的好坏直接决定了听众对整个演讲的印象。精彩、幽默的结尾往往能弥补一些不足，强化听众的总体印象。只要我们留意一下，便会发现古今中外的演讲家对结尾都是很重视的。

（2）言简意赅，耐人寻味

伟大的歌德曾这样欢呼新时代的到来：“‘宽恕我吧，渗透着时代精神，这是莫大的乐趣。’看呀，从前的智者是怎样思考的，而我们最后却远远超过他们。”歌德结尾的演讲简单幽默、感情生动，耐人寻味。

因此，精彩的演讲结尾不要重复、松散、拖沓、枯燥，应尽量避免那种人云亦云的客套式的结束语。结尾幽默生动应该是演讲者追求的目标。

幽默演讲的真谛在于融洽

演讲不是一个人的戏剧，需要时不时地与观众来一个对等的谈话式的沟通，小小的一个幽默，便能一下子拉近与听众之间的距离。只会居高临下地板着面孔讲，便不能与听众顺畅地沟通感情，这样的演讲注定只能是泛泛而谈，淡而无味。

有一次，在某院校的毕业典礼上，作家林语堂受邀发表演讲。在他之前，有很多人的演讲都是长篇大论，轮到他演讲时，典礼已经举行很长时间了，所以听众都疲倦难耐了。只见林语堂站起来说："演说要像姑娘的迷你裙，愈短愈好。"

此话一出，全场先是一片静谧，接着就听到全场哄堂大笑。

林语堂运用自己简短的话语，既表达了自己的观点，又赢得了观众的喝彩。

演讲的内容不是越长越好，越多越好，有时你想表达的信息是别人不愿意听到的，这样可能会令人厌烦；当然，说得太短也不免让人失望，导致心理的落差。适当地委婉一点，运用幽默的力量，便能让听众在轻松愉快的心境中享受你的演讲带来的快乐，解除他们对禁忌话题所产生的不安与恐惧。同样，幽默可以化解因为陌生而产生的紧张气氛，融洽人与人之间的关系。

1903 年 12 月 17 日，莱特兄弟成功地驾驶有动力的飞机飞上了蓝天，他们成为人类航空史上勇敢的开拓者。在他们飞行成功后不久，他们就去欧洲旅游。法国当地的一位名人为他们的到来举办了一个欢迎酒会，酒会上，主人反复邀请他们做演讲。大哥威尔伯走上台，来了一个一句话的演讲："根据我们的了解，鹦鹉是唯一会说话的鸟类，但它不是飞得最高的。"

威尔伯的演讲一下子让在场的人肃然起敬，让听众在笑声中便明白了真谛所在。

成功的演讲需要懂得幽默的技巧，在演讲中如果能适当地插入一些妙趣横生的内容，往往比振振有词的套语更能拨动听众的心弦。演讲高手从来都不会忽略幽默的力量，在他们的演讲中，他们总是妙语连珠，不会吝啬使用那些含蓄、风趣的材料和语言。这些技巧总是能让听众在会心一笑的同时，体会到高尚的情趣和深刻的道理。

图书在版编目 (CIP) 数据

幽默沟通学 / 欣溶著 . — 北京 : 中国华侨出版社,
2021.3（2021.5 重印）

ISBN 978-7-5113-8467-6

Ⅰ . ①幽… Ⅱ . ①欣… Ⅲ . ①幽默（美学）– 语言艺术
– 通俗读物 Ⅳ . ① H019-49

中国版本图书馆 CIP 数据核字（2020）第 238846 号

幽默沟通学

著　　者 / 欣　溶
责任编辑 / 王　委
封面设计 / 冬　凡
文字编辑 / 宋　媛
美术编辑 / 刘欣梅
经　　销 / 新华书店
开　　本 / 880mm × 1230mm　1/32　印张 / 8　字数 / 170 千字
印　　刷 / 三河市骏杰印刷有限公司
版　　次 / 2021 年 3 月第 1 版　　2021 年 5 月第 2 次印刷
书　　号 / ISBN 978-7-5113-8467-6
定　　价 / 38.00 元

中国华侨出版社　北京市朝阳区西坝河东里 77 号楼底商 5 号　邮编：100028
法律顾问：陈鹰律师事务所
发 行 部：（010）88893001　　　传　　真：（010）62707370
网　　址：www.oveaschin.com　　E-mail：oveaschin@sina.com
